LE

PÈRE DUCHESNE

PARIS. IMP. SIMON RAÇON ET COMP., 1, RUE D'ERFURTH.

LE
PÈRE DUCHESNE

D'HÉBERT

ou

NOTICE HISTORIQUE ET BIBLIOGRAPHIQUE SUR CE JOURNAL

PUBLIÉ

PENDANT LES ANNÉES 1790, 1791, 1792, 1793 ET 1794

PRÉCÉDÉE
DE LA VIE D'HÉBERT, SON AUTEUR, ET SUIVIE DE L'INDICATION
DE SES AUTRES OUVRAGES

PAR

M. CHARLES BRUNET

PARIS

LIBRAIRIE DE FRANCE

9, QUAI VOLTAIRE

1859

AVANT-PROPOS

Qui a lu le journal le *Père Duchesne?* Qui le lit maintenant? Qui se souvient de son auteur, Hébert? Bien peu de personnes, sans doute. Et pourtant cet homme, qui a été si tristement célèbre, a eu, par son journal, une influence incontestable dans la période révolutionnaire de la fin du siècle dernier.

Ce journal, que les aboyeurs d'alors criaient ainsi dans les rues : *Il est bougrement en colère aujourd'hui le Père Duchesne!* ce journal, dis-je, est devenu une rareté, et une si grande rareté, qu'on n'en connaît pas un seul exemplaire complet, et qu'il est même fort difficile de s'en procurer des numéros séparés.

Les numéros 52, 76 et 103 manquent à M. le comte de la Bédoyère, qui possède la plus riche bibliothèque en ouvrages de l'époque révolutionnaire.

Le journal le *Père Duchesne* est fort curieux, même avec son style des mauvais lieux. On y trouve presque constamment ce système qui a pour but d'imputer au parti contraire les crises ou les guerres civiles que l'on prépare soi-même, en excitant les classes inférieures, et en attribuant à ses adversaires les projets que l'on médite, sauf à les revendiquer en cas de succès.

Il était fort dangereux d'être signalé dans le journal d'Hébert comme ennemi de la république; on était presque certain de monter à l'échafaud.

Hébert poursuivit avec un horrible acharnement le jugement et le supplice du roi Louis XVI, de la Reine, et des Girondins. On trouve contre eux, dans son journal, les plus grossières injures. Il accusa de trahison Pétion, Bailly, les généraux Dumouriez, Lafayette, Custines, et tant d'autres, et eut le privilége de soulever la populace toutes les fois qu'il le jugea nécessaire à ses projets.

A l'époque où ce journal était dans sa période de violence, Hébert y demandait, presque dans chaque numéro, le supplice de ceux qu'il appelait les conspirateurs, les aristocrates, les agents de Pitt et de Cobourg, les crapauds du Marais, par opposition aux membres de la Montagne. Ses locutions les plus ordinaires pour désigner le supplice même étaient : jouer à la main chaude[1], mettre la tête à la fenêtre, faire la bascule, essayer la cravate à Capet, éternuer dans le sac, cracher dans le sac, demander l'heure au vasistas, raccourcir. Il appelait l'instrument du supplice la sainte guillotine, le rasoir national ; enfin, la charrette dans laquelle on conduisait les patients était nommée par lui le vis-à-vis de maître

---

[1] Les patients avaient les mains attachées derrière le dos.

Samson, ou le carrosse à trente-six portières.

Voici les détails que nous avons pu nous procurer sur la vie de cet homme.

Avant tout, nous prions M. le comte de la Bédoyère et M. Ch. Ménétrier d'agréer nos remercîments. Le premier a bien voulu nous communiquer les numéros du journal qui nous manquent ; le second nous a fourni sur Hébert plusieurs renseignements qui nous ont été fort utiles.

LE
PÈRE DUCHESNE

Jacques-René Hébert naquit à Alençon, le 15 novembre 1757, du mariage de Jacques Hébert, maître-orfévre, avec Marguerite Bonaiche de la Houderie [1]. Il fit ses études dans cette ville, avec quelques succès, au collége des Jésuites, qu'il quitta en 1775 ou 1776, et où il était regardé comme hargneux et querelleur.

Peu après, il eut un procès criminel dans des circonstances dont on trouve la relation

---

[1] Ces renseignements furent donnés par le maire d'Alençon, à l'occasion d'un procès. (Voir le *Droit, journal des Tribunaux*, du 1ᵉʳ juillet 1842.)

dans les *Souvenirs de la fin du dix-huitième siècle et du commencement du dix-neuvième*, par R. des Genettes.

« La veuve d'un apothicaire d'Alençon, y
« raconte Hébert, qui avait été accusé de biga-
« mie, avait à son tour beaucoup d'amants.
« On comptait en première ligne un médecin
« qui était un très-bel homme, et après lui, et
« logeant sous le même toit que la dame, son
« premier garçon, comme on s'exprimait alors,
« celui qui dirigeait la pharmacie, très-acha-
« landée. Une rivalité qui existait sourdement
« entre le médecin et l'apothicaire éclata un
« jour avec tant de fureur, que le médecin
« assassina son rival. Il prit un pilon en fer ou
« en cuivre, et il en donna plusieurs coups
« fortement assénés sur la tête et au travers de
« la figure de mon pauvre ami L....., que l'on
« fut sur le point de trépaner.

« Cependant, avant même que, sur la rumeur
« publique, le procureur du roi fût saisi de
« cette affaire criminelle, elle était assoupie ou
« plutôt étouffée par une transaction que l'on

« attribua à l'esprit conciliant de M. des Ge-
« nettes père. Le docteur Cl.... avait pourtant
« aggravé son crime ; car, serré de près et
« poursuivi, il est vrai, l'épée à la main, par
« le frère de L..., employé dans les Fermes,
« il avait brûlé deux amorces sur la poitrine
« de celui-ci, et par conséquent essayé de le
« tuer. Outré de rage en apprenant qu'une
« juste vengeance allait échapper aux frères
« L.... et à leurs amis, je rédigeai un placard
« qui fut affiché de nuit aux portes de l'église
« principale, de l'Intendance, des Juridictions
« et autres lieux. Ce placard portait : Sentence
« rendue au tribunal suprême de l'honneur,
« qui condamne au pilori de l'infamie le doc-
« teur Cl..., en réparation, etc. Puis j'avais
« dessiné en sautoir deux couteaux ensanglan-
« tés, avec cette devise : *Olim veneno, nunc*
« *cultro*..... L'assassinat est donc toléré par
« une juridiction qui venait de faire pendre
« deux malheureux, pour avoir volé avec ef-
« fraction quarante sous dans un tronc d'église,
« que j'appellerais volontiers provocateur, puis-

« qu'il faisait saillie sur un grand chemin. On
« étend le voile de l'oubli sur un crime que de-
« vait punir le supplice de la roue, et me voilà,
« pour un placard qui réparait les torts de la
« justice, me voilà poursuivi extraordinaire-
« ment, et, pour commencer, décrété d'ajour-
« nement personnel, » etc.

Hébert fut condamné au bannissement par le parlement d'Alençon ; mais cet arrêt fut cassé par le parlement de Rouen¹.

---

¹ Il parla de ce procès dans le club des Cordeliers, le 2 brumaire an II, en se plaignant de ce que le comité de surveillance de Paris arrêtait son journal et refusait de le laisser circuler dans les départements.

« Pour vous faire voir que ceci est un système contre moi,
« on ne s'est pas contenté d'arrêter mon journal, mais des
« intrigants de ce pays-ci ont envoyé dans mon pays natal
« d'autres intrigants pour prendre sur moi des renseigne-
« ments sur toute ma vie. Ils ont découvert qu'à l'âge de
« seize ans j'eus un procès criminel pour un de mes amis
« indignement persécuté et maltraité, dont je pris la cause.
« On vit que j'avais tenu tête à un des anciens parlements,
« quoique alors il y eût quelques dangers. On vit que j'avais
« toujours été libre, on vit que j'étais républicain à seize ans,
« et que je m'exerçais déjà contre les despotes. On y vit de
« telles choses, que l'homme qu'on envoyait* s'écria : Il est

* C'était Fabricius, autrefois dit Deroi, ancien greffier du tribunal criminel, et depuis employé au comité de surveillance.

Il vint à Paris vers 1780, sans doute pour y chercher fortune; mais il n'y trouva que les déceptions ordinaires. Après y avoir vécu pendant un certain temps, sans qu'on sache au moyen de quelles ressources, il obtint en 1786 un emploi de contrôleur de contre-marques au théâtre des Variétés (qui fut plus tard théâtre de la République), dirigé alors par Dorfeuille et Gaillard[1]. Il quitta cette place à la fin de 1788[2], renvoyé pour cause d'infidélité.

Ce fait lui fut rappelé dans la Société des Jacobins (séance du 16 nivôse an II), par Robespierre le Jeune, qui dit : « Depuis cinq « mois que je suis absent, la Société me paraît « étrangement changée. On s'y occupait à mon « départ des grands intérêts de la République. « Aujourd'hui ce sont de misérables querelles

« bien malheureux qu'on ne puisse obtenir prise sur ce co-
« quin-là. »

[1] Dans *les Petits Spectacles de Paris, ou Calendrier historique et chronologique de ce qu'ils offrent d'intéressant*, années 1786 et 1787, Hébert figure, dans l'administration du théâtre des Variétés, comme contrôleur et chargé de la location des loges.

[2] Voir sa lettre à Camille Desmoulins.

« d'individus qui s'agitent. Eh! que nous im-
« porte qu'Hébert ait volé en donnant des con-
« tre-marques aux Variétés? (*On rit.* Hébert,
« qui est à la tribune, lève les yeux au ciel,
« frappe du pied, et s'écrie : Veut-on m'assas-
« siner aujourd'hui? » *Violents murmures.*)

Camille Desmoulins lui reproche ouvertement ce méfait dans son numéro 5 du *Vieux Cordelier* :

« Est-ce toi qui oses parler de ma fortune,
« toi que tout Paris a vu, il y a deux ans,
« receveur de contre-marques à la porte des
« Variétés, dont tu as été *rayé* pour cause
« dont tu ne peux pas avoir perdu le sou-
« venir. »

En janvier 1790, Hébert, manquant de tout, même de logement, vint trouver un médecin de ses amis, nommé Boisset, pensionnaire chez la dame Victoire Guingré, femme du sieur Dubois, imprimeur, lui exposa ses besoins, et en reçut des secours.

Peu de temps après, Hébert disparut pendant deux ou trois jours, emportant matelas, chemises et autres effets au même homme qui l'avait recueilli dans son indigence[1].

Il s'était mis à écrire pour la Révolution, à la sollicitation du médecin Boisset. Ce fut alors, en 1790, qu'il publia les premières feuilles du *Père Duchesne*, ainsi qu'une brochure intitulée la *Lanterne magique*.

Comme beaucoup d'autres aventuriers, il se lança avec ardeur dans cette carrière, espérant s'y créer une position et sortir de la misère qui l'écrasait

C'est au club des Cordeliers qu'il se fit connaître et qu'il acquit une certaine réputation. Il y domina, avec Monmoro et autres, mais alors que Danton, Camille Desmoulins, Fabre d'Églantine avaient abandonné ce club.

En 1791, il signa la pétition du champ de Mars, « Hébert, écrivain, rue de Mira- « beau. »

Il épousa, avant 1792 (probablement en 1791), Françoise Goupille, ex-religieuse du couvent de

---

[1] Voir le procès d'Hébert, déposition de la femme Dubois.

la Conception Saint-Honoré. Elle accoucha d'une fille le 7 février 1793.

Cette femme, républicaine ardente, était restée très-attachée au christianisme. « Je « prêche aux Jacobins, dans la Société de nos « sœurs, disait-elle à des Genettes, la même « doctrine que l'abbé Fauchet prêche à nos « frères dans leurs réunions. »

Sur un mot de son mari parlant de son procès d'Alençon, elle dit : « Vous n'ignorez pas que « toute justice émane de Dieu ; mais l'inter- « vention possible du diable dans un jugement « rendu par les hommes est une superstition « que je repousse, quoique vous m'ayez parfois « regardée comme superstitieuse. Nul n'est plus « pénétré que moi et de la puissance de Dieu, « et des ineffables bienfaits de la religion de « Jésus-Christ... N'est-ce pas le Sauveur qui a « dit aux hommes : *Vous êtes les enfants de* « *la femme libre*[1] ? Je n'ai jamais rougi de mon

---

[1] Celle qui professa ces doctrines et ne les démentit jamais fut condamnée à mort et exécutée comme complice de la faction de la Commune et des Athées. (Note des Genettes.)

« premier état, et l'avoue devant tout le monde.
« Je conserve encore, continuè-t-elle en s'a-
« dressant à des Genettes, et vous l'avez sous
« les yeux, le lit que j'avais à l'Assomption ; de-
« venu celui d'une mère, il ne changera ni de
« forme ni de couleur. Mes principes sont en-
« core les mêmes que ceux de la sœur Goupille. »

Hébert fut d'abord membre de la Commune du 10 août. Bientôt après, le 22 décembre 1792, il fut nommé deuxième substitut-adjoint du procureur de cette assemblée, en concurrence avec Lebon, qui, en 1797, publia également un *Père Duchesne*. Hébert dut-il, comme on l'a dit, son élévation à la part qu'il aurait prise aux journées de septembre? Le fait n'est pas prouvé. Nous devons toutefois faire remarquer que, dans la brochure intitulée : *Grand détail de tous les conspirateurs et brigands détenus dans les prisons de l'Abbaye*, etc. (voir plus loin la bibliographie), il se fait l'apologiste de ces horribles massacres.

Il avait naturellement pris parti dans la lutte entre la Commune et la partie dominante de la

Convention connue sous le nom de la *Gironde*, ou des *Hommes d'État*, comme Marat les appelait par dérision. Des Genettes, dans ses *Souvenirs*, rapporte ces paroles d'Hébert : « Les « Hommes d'État ont parlé de nos têtes, la Mu- « nicipalité demandera les leurs, au besoin, et « le peuple les leur accordera. » Quelque temps avant le 31 mai, il avait formé, avec le maire Pache et quelques autres, une association des plus fougueux Jacobins, dont le but était d'anéantir la Convention en assassinant tous les députés du parti républicain modéré qui formaient la majorité, et en y substituant une nouvelle assemblée qui aurait été composée des membres de la Commune, des principaux conspirateurs, et de ceux des conventionnels sur lesquels ils pouvaient compter.

La Convention fut informée officiellement de ce complot par *Guadet*, qui, dans la séance du 18 mai[1], se plaignit des autorités de Paris qu'il représenta comme étant en état d'insurrection

---

[1] Voir *Moniteur* du 20 mai 1793.

contre la Convention. Guadet proposa de casser les autorités de Paris et de remplacer provisoirement et dans les vingt-quatre heures la municipalité par les présidents de section.

Barère reconnaît qu'il se prépare à Paris, et, par des ramifications, dans toute la République, un mouvement pour perdre la liberté. Il a été informé que quelques hommes se rassemblaient dans un certain lieu où ils traitaient des moyens d'enlever à la Convention vingt-deux têtes. Il appuierait la proposition de casser les autorités constituées de Paris s'il voulait l'anarchie ; il a vu la Commune exagérant ou commuant les lois à sa fantaisie, organisant une armée révolutionnaire. Il propose de nommer une commission de douze membres, chargée d'examiner les arrêtés pris par la Commune depuis un mois.

L'établissement de la commission demandé par Barère, au nom du Comité de salut public, est décrété dans la même séance.

La commission extraordinaire, chargée de l'examen des arrêts de la municipalité de Paris et de la recherche des complots contre l'ordre et la liberté publique, fut composée des membres ci-après, nommés au scrutin dans la séance du 21 du même mois :

    Boyer-Fonfrède,
    Rabaud-Saint-Étienne,
    Kervelegan,
    Saint-Martin,
    Vigée,
    Gommaire,
    Boilleau,
    Mollevault,
    Henri Larivière,
    Gardien,
    Lahordinière,
    Bergoing.

L'un des premiers actes de la commission des Douze fut d'ordonner l'arrestation d'Hébert et de deux autres individus. Le vrai motif de cet ordre fut sans doute la participation d'Hébert au complot, mais le prétexte fut la violence de son journal et les idées anti-religieuses qu'il y avait émises dans plusieurs numéros.

L'effet de cet acte d'autorité fut prodigieux.

Le conseil général de la Commune se constitua en permanence, et un grand nombre de sections réclama la liberté d'Hébert tant à la Commune de Paris qu'à la Convention.

Voici des détails assez curieux recueillis dans les séances de cette Commune :

NUIT DU 24 AU 25 MAI 1793.

Le second substitut de la Commune, Hébert, annonce au conseil que, pour prix des services qu'il a rendus à sa patrie, il vient d'être décerné contre lui un mandat d'amener par la commission extraordinaire de la Convention. Il déclare qu'il va obéir à la loi, et rappelle que le conseil a fait serment de défendre tous les opprimés, serment qu'il invoque, non pour lui, il donnerait volontiers sa vie s'il croyait ce sacrifice utile à la patrie, mais pour ses concitoyens prêts à retomber dans l'esclavage.

Chaumette l'embrasse, et lui dit : « Va, mon « ami, j'espère aller bientôt te rejoindre. »

Le conseil général arrête qu'il restera en permanence jusqu'à ce qu'il ait des nouvelles de son collègue et ami Hébert. Il nomme Menessier et Simon pour se transporter au comité des Douze, afin d'avoir des renseignements sur Hébert, Marino et Michel.

A une heure et demie du matin, le conseil nomme trois nouveaux commissaires pour se transporter au comité des Douze, et arrête que, d'heure en heure, il en enverra de nouveaux jusqu'à ce qu'il ait une réponse.

A quatre heures du matin, les commissaires, de retour, annoncent qu'Hébert vient d'être mis dans les fers d'après un ordre de la commission des Douze. Le conseil arrête que tous ses membres seront invités à se rendre à leur poste ce matin à neuf heures précises, afin de délibérer sur les mesures à prendre d'après un événement aussi douloureux pour les bons citoyens.

Nota. Hébert est enfermé dans la prison de l'Abbaye [1]; Marino et Michel ont été mis en liberté.

---

[1] Voir le n° 240 de son journal.

Le 25 mai, à onze heures du matin, la séance recommence. Chaumette annonce au conseil que, s'étant rendu ce matin à l'Abbaye, pour voir Hébert, il n'a pu lui parler, parce qu'il reposait. « C'est une preuve, ajoute-t-il, « qu'Hébert est innocent; car le crime ne som- « meille pas. » Il annonce que le seul objet sur lequel on inculpe Hébert est la feuille du *Père Duchesne*.

Sur la proposition d'un membre, le conseil arrête qu'il dénoncera à la Convention l'atteinte portée aux droits de l'homme sur la liberté de la presse [1].

---

[1] Le même jour, 25, le club des Cordeliers prenait l'arrêté suivant, dont nous possédons un exemplaire imprimé :

CLUB DES CORDELIERS
SOCIÉTÉ DES AMIS DES DROITS DE L'HOMME ET DU CITOYEN

Extrait des délibérations de la Société des Cordeliers, séante au Musée, rue de Thionville, du 25 mai 1793, deuxième de la République :

La Société, instruite que, au mépris de la Déclaration des droits éternels et impérissables qui consacrent la liberté la plus illimitée des opinions, deux de ses membres, les citoyens Hébert et Varlet, Apôtres de la liberté, ont été arrêtés

L'on demande qu'il soit fait une circulaire aux quarante-huit sections pour les prévenir de l'arrestation du citoyen Hébert qui a été arraché à ses fonctions de magistrat du peuple. Le conseil arrête que l'on enverra aux quarante-huit sections expédition de l'adresse à la Convention sur l'arrestation d'Hébert ; que cette adresse sera portée par des cavaliers qui seront tenus de se rendre à sept heures dans les assemblées générales, et chargés de demander, au nom du conseil, que lecture en soit faite sur-le-champ,

la nuit dernière pour avoir émis librement leurs opinions dans leurs *discours et dans leurs écrits*, déclare :

Qu'elle regarde comme des actes de tyrannie les attentats commis contre les citoyens Varlet et Hébert ; déclare :

Qu'elle ressent comme un outrage sanglant fait à elle-même et à tous les patriotes de la République et de l'univers cette conduite illégale et liberticide.

Arrête que des commissaires pris dans son sein porteront à l'instant à la Commune, aux quarante-huit sections et aux sociétés populaires de Paris cet Arrêté, avec invitation pressante de prendre dans leur sagesse les moyens les plus vigoureux de résistance à l'oppression.

(Manuscrit). La société à (*sic*) nommé pour commissaires(*sic*) les citoyens Boclet et Bouquet. (*Signé*) Monnin, *président*, et Husson, *secrétaire*.

Le conseil adopte la rédaction de l'adresse relative à Hébert. Une députation nommée à cet effet part sur-le-champ pour la porter à la Convention.

Voici le texte de cette adresse, avec la réponse du président de la Convention (Isnard), réponse célèbre, et qui souleva de si grands orages dans le côté gauche de la Convention.

L'orateur de la députation du conseil général de la Commune.

« Les magistrats du peuple, qui ont juré
« d'être libres ou de mourir, ne peuvent voir
« sans indignation la violation la plus manifeste
« des droits les plus sacrés. Nous venons vous
« dénoncer l'attentat commis par la commis-
« sion des Douze sur la personne d'Hébert,
« substitut du procureur de la Commune. (*Vio-
« lents murmures à droite.*) Il a été arraché du
« sein du conseil général, et conduit dans les
« cachots de l'Abbaye. Le conseil général dé-
« fendra l'innocence jusqu'à la mort. Il de-
« mande que vous rendiez à ses fonctions un

« magistrat estimable par ses vertus civiques
« et par ses lumières. (*On murmure.*) Nous
« demandons qu'il soit promptement jugé. Les
« arrestations arbitraires sont pour les hommes
« de bien des couronnes civiques. » (*On applaudit dans une partie de l'assemblée et dans les tribunes.*

Le Président. « La Convention, qui a fait une
« déclaration des droits de l'homme, ne souf-
« frira pas qu'un citoyen reste dans les fers s'il
« n'est pas coupable ; croyez que vous obtien-
« drez une prompte justice ; mais écoutez les véri-
« tés que je vais vous dire : La France a mis dans
« Paris le dépôt de la représentation nationale ;
« il faut que Paris le respecte : il faut que les
« autorités constituées de Paris usent de tout
« leur pouvoir pour lui assurer ce respect. Si
« jamais la Convention était avilie, si jamais,
« par une de ces insurrections qui depuis le
« 10 mars se renouvellent sans cesse, et dont
« les magistrats n'ont jamais averti la Conven-
« tion (*violents murmures dans l'extrémité*

« *gauche, on applaudit dans la partie opposée*),
« si, par ces insurrections toujours renaissantes,
« il arrivait qu'on portât atteinte à la représen-
« tation nationale, je vous le déclare au nom de
« la France entière... (*Non, non, dans l'extré-*
« *mité gauche. Le reste de l'assemblée se lève*
« *spontanément. Tous les membres s'écrient :*
« *Oui, dites au nom de la France !*)

Le Président. « Je vous le déclare au nom de
« la France entière, Paris serait anéanti... »
(*De violents murmures, partant de l'extrémité
gauche, couvrent la voix du président. Tous les
membres de la partie opposée :* Oui, la France
entière tirerait une vengeance éclatante de cet
attentat.)

Marat. « Descendez du fauteuil, Président,
« vous jouez le rôle d'un trembleur..., vous
« déshonorez l'assemblée...; vous protégez les
« hommes d'État. »

Le Président. « Bientôt on chercherait sur
« les rives de la Seine si Paris a existé. (*Mur-*
« *mures à gauche, applaudissements à droite.*)
« Le glaive de la loi, qui dégoutte encore du

« sang du tyran, est prêt à frapper la tête de
« quiconque oserait s'élever au-dessus de la re-
« présentation nationale. (*Applaudissements à
« droite.*) »

Pendant ce temps, le 25 mai, une députation de la section du Temple communiquait à la Commune de Paris un arrêté tendant à faire nommer par les quarante-sept autres sections des commissaires qui, réunis ce soir à la maison commune, rédigeraient une adresse à la Convention pour lui demander le sujet de l'arrestation du patriote Hébert.

Le conseil arrêtait à l'unanimité que les noms des sections qui avaient pris Hébert sous leur sauvegarde seraient communiqués à ce citoyen.

Seize sections adhéraient à l'arrêté de la section du Temple, et témoignaient leur indignation relativement à l'arrestation du citoyen Hébert.

Chaumette a été voir Hébert dans sa prison, et il rend compte de sa visite : Hébert est tranquille, et prie le conseil de l'être sur son compte. Mais, dit Chaumette, on attaque la liberté de la presse en attaquant Hébert comme journaliste; il demande que la chambre où est Hébert soit appelée *chambre de la liberté de la presse*, comme il y avait à la Bastille la *tour de la liberté*.

Le 26 mai, les députés de seize sections de Paris se présentent à la Convention pour réclamer la liberté d'Hébert. L'assemblée décrète le renvoi de la pétition à la commission des Douze pour en faire le rapport le lendemain. Ce décret soulève de nombreuses réclamations auxquelles l'assemblée met fin en levant la séance.

La création de la commission des Douze avait été fort mal accueillie par les sans-culottes et par la Montagne dont aucun des membres ne faisait partie. Dans la séance du 26 mai, Marat disait : « Je redoute aussi les commissions extraordi-« naires quand elles sont prises dans un seul « côté de l'assemblée. Quel autre but peut-on « se proposer, si ce n'est l'oppression des pa-« triotes, si ce n'est de faire tomber la plume

« d'un écrivain patriote, Hébert, rédacteur du
« *Père Duchesne*, » etc.

Une insurrection était imminente à Paris.

26 mai. — Des citoyens préviennent le Conseil de la Commune que quelques citoyennes font des proclamations dans les rues et invitent les citoyens qui les approchent à se porter à l'Abbaye.

27 mai. — Une députation de la cité se présente à la Convention et demande avec menaces la liberté d'Hébert.

Le président adresse une admonestation à ces députés.

Dans la même séance, Danton s'élève contre la commission des Douze.

Le ministre de l'Intérieur donne sur Hébert les explications suivantes :

« Je crois devoir passer à un autre fait qui,
« quoique particulier, semble mettre la Répu-
« blique en mouvement ; c'est d'Hébert que je
« veux parler. Les principaux motifs de son
« arrestation, et je le tiens de quelques mem-
« bres de la commission des Douze, sont quel-

« ques feuilles du *Père Duchesne*. Comme fonc-
« tionnaire public, j'ai recueilli des notes, sur
« ce qui concerne Hébert, de deux personnes
« pour lesquelles j'ai la plus grande estime.
« L'une de ces personnes est le Maire de Paris,
« l'autre est Destournelles; mon ami de quinze
« ans. Tous deux m'ont attesté que, dans toutes
« les assemblées de la Commune, il n'a jamais
« fait que les propositions que peut faire un
« bon citoyen. (*Applaudissements.*) A l'égard
« des feuilles du *Père Duchesne* qui sont son
« crime, je ne les connais pas; mais j'ai horreur
« de tous les écrits qui ne prêchent pas la raison
« et la morale dans le langage qui leur con-
« vient. »

A la suite d'une discussion qui se prolongea jusqu'à minuit, la Convention décréta, sur la proposition de *Lacroix*, 1° la liberté des citoyens incarcérés[1] ; 2° la cassation de la commission des Douze.

Mais, dans la séance du 28, l'appel nominal

[1] Voir le journal d'Hébert n° 241.

fut demandé sur la question de savoir si le décret qui avait cassé la commission des Douze serait rapporté. Il le fut en effet à la majorité de 21 voix. Il y eut 517 votants : 279 votèrent pour le rapport du décret ; 238 votèrent contre.

Le 28 mai, Hébert entre dans la salle du conseil de la Commune de Paris. De nombreux applaudissements l'accueillent de toutes parts. Tous ses collègues, tous les citoyens présents, l'embrassent et le serrent dans leurs bras. Il reprend sa place au conseil.

Chaumette demande alors que la commission des Douze soit traduite au tribunal révolutionnaire. Le conseil adopte cette proposition.

Hébert témoigne sa vive reconnaissance des sentiments que lui ont manifestés les vrais sans-culottes de Paris, et des consolations sans nombre qu'il a reçues dans son honorable prison. Il expose les dangers imminents de la patrie, et il demande que l'on y porte de prompts remèdes.

Chaumette lui remet entre les mains une

couronne que lui avaient destinée les patriotes. Hébert la déposé sur le buste de J. J. Rousseau, en disant que l'on ne doit aux hommes en place que des encouragements, et qu'on ne leur doit décerner de couronnes qu'après leur mort.

Le conseil nomme des commissaires pour présenter Hébert, au nom des sections, à celle de Bonne-Nouvelle, qui est la sienne.

Le ministre de l'Intérieur s'exprimait ainsi dans la séance du 31 mai de la Convention :

« Je ne puis dissimuler à la Convention
« qu'il existe une grande agitation dans Paris ;
« que tous les citoyens ont été arrachés au re-
« pos par le tocsin, au milieu de la nuit. Une
« assemblée composée de commissaires de
« sections, d'électeurs du 10 Août, etc., s'est
« tenue cette nuit à l'Évêché, et paraît avoir
« donné l'impulsion à ce mouvement. La
« cause de ces troubles est la réintégration
« de votre commission des Douze ; on l'accuse
« d'avoir calomnié Paris, d'avoir fait incarcérer

« arbitrairement des magistrats, d'avoir formé
« le projet d'opprimer les patriotes[1], » etc.

Vint ensuite l'affaire du 31 mai, puis l'arrestation des Girondins.

La popularité d'Hébert se soutint encore pendant longtemps, au moyen de son journal.

Ce fut lui qui imputa à la malheureuse reine Marie-Antoinette des crimes que repousse la nature épouvantée[2].

[1] La commission des Douze, après avoir fait décréter que les citoyens qu'elle avait fait arrêter seraient provisoirement mis en liberté, donna sa démission. La plupart des membres qui l'avaient formée furent proscrits, et plusieurs portèrent bientôt leur tête sur l'échafaud.

[2] Voici sur cette affreuse calomnie les détails révélés par le *Moniteur* :

TRIBUNAL RÉVOLUTIONNAIRE
du 23 du premier mois de l'an II (14 octobre 1793).

Jacques Réné Hébert, substitut du procureur de la Commune, dépose qu'en sa qualité de membre de la Commune du 10 août il fut chargé de différentes missions importantes qui lui ont prouvé la conspiration d'Antoinette,

..... Enfin le jeune Capet, dont la constitution physique dépérissait chaque jour, fut surpris par Simon dans des pollutions indécentes et funestes pour son tempérament ; que, celui-ci lui ayant demandé qui lui avait appris ce manége criminel, il répondit que c'était à sa mère et à sa tante qu'il était redevable de la connaissance de cette habitude funeste. De la déclaration, observe le déposant, que le jeune Capet a

Hébert était au nombre des commissaires municipaux qui interrogèrent les malheureux enfants de Louis XVI dans la prison du Temple, et leur firent les questions les plus abominables. Ils firent signer à l'enfant royal un écrit qu'il n'avait pu comprendre, et qu'ils appelèrent un procès-verbal. Le tribunal révolutionnaire re-

faite en présence du maire de Paris et du Procureur de la Commune, il résulte que ces deux femmes le faisaient souvent coucher entre elles deux ; que là il se commettait des traits de la débauche la plus effrénée; qu'il n'y avait même pas à douter, par ce qu'a dit le fils Capet, qu'il y ait eu un acte incestueux entre la mère et le fils.

Il y a lieu de croire que cette criminelle jouissance n'était point dictée par le plaisir, mais bien par l'espoir politique d'énerver le physique de cet enfant, que l'on se plaisait encore à croire destiné à occuper un trône, et sur lequel on voulait, par cette manœuvre, s'assurer le droit de régner alors sur son moral ; que, par les efforts qu'on lui fit faire, il est demeuré attaqué d'une descente pour laquelle il a fallu mettre un bandage à cet enfant; et, depuis qu'il n'est plus avec sa mère, il reprend un tempérament robuste et vigoureux.

..... Un juré fait observer que Marie-Antoinette n'a pas répondu sur ce fait.

L'accusée, interpellée par le président, répond : « Si je n'ai pas répondu, c'est que la nature se refuse à répondre à une pareille inculpation faite à une mère. (*Ici l'accusée paraît vivement émue.*) J'en appelle à toutes celles qui peuvent se trouver ici. »   (*Moniteur* du 18 octobre 1793.)

fusa de laisser lire cet écrit à son audience ; mais Fouquier-Thinville en rendit compte dans son acte d'accusation, et Hébert en fit la base de sa déposition, qui révolta Robespierre lui-même. Ce dernier, qui était à dîner quand on lui en parla, entra en fureur et s'écria en brisant son assiette : « Ce n'était donc pas assez, « pour ce scélérat, d'en avoir fait une Mes- « saline, il fallait encore qu'il en fît une « Agrippine. » Ces paroles de Robespierre faisaient pressentir qu'à un moment donné Hébert aurait dans le Comité un ennemi terrible.

Ce dernier, qui, d'ailleurs, contrariait les projets de Robespierre, pensa bien que celui-ci ne tarderait pas à l'envoyer à l'échafaud.

Hébert avait été à la tête du mouvement contre le culte. Ses déclamations furibondes et son influence dans les saturnales dites *Fêtes de la Raison* augmentèrent les mauvaises dispositions de Robespierre contre lui.

Déjà, au club des Jacobins (séance du 21 frimaire an II), lorsque Hébert fut appelé pour l'épuration, il avait été question de ses opinions religieuses. Il était accusé d'athéisme.

Bentabole demande pourquoi Hébert a attaqué *Laveaux* parce que celui-ci avait parlé en faveur d'un être suprême. *Montaut*, qui cherche à justifier Hébert, déclare qu'il pense que ce dernier, lorsqu'il a attaqué Laveaux pour avoir parlé de la Divinité, a entendu parler de la *chose* en elle-même, et n'a point voulu attaquer Laveaux, à qui, dit-il, on permet de croire tout ce qu'il voudra. Il ajoute que ce qu'a dit Hébert, le peuple l'avait fait ; déjà-il avait sacrifié les chapes, les chasubles, et tout l'accoutrement religieux.

Hébert répond : « Il est de mon devoir de
« repousser l'idée qu'on s'efforce de donner de
« moi ; on m'accuse d'athéisme, je nie formelle-
« ment l'accusation. Quant aux opinions reli-
« gieuses que l'on m'accuse d'avoir mises dans
« mon journal, je nie formellement le fait, et je
« déclare que je prêche aux habitants des cam-
« pagnes de lire l'Évangile. Ce livre de morale
« me paraît excellent, et il faut en suivre toutes

« les maximes pour être un parfait Jacobin. Le
« Christ me semble le fondateur des sociétés po-
« pulaires. »

A partir du moment où il soupçonna les intentions de Robespierre à son égard, Hébert s'appliqua à fortifier la faction qu'il dirigeait avec Chaumette. Aidé par Ronsin, chef de l'armée révolutionnaire, il devint maître de la tribune du club des Cordeliers, qui avait le secret de mettre à volonté la populace en mouvement. Il accusa Danton, fit voiler la statue de la Liberté, ainsi que les tables des droits de l'homme, et appela l'insurrection contre ceux qu'il accusait de les avoir violés.

Le mépris de Robespierre, à peine voilé, dut aigrir et exciter Hébert; car, dans toute sa vie politique, il paraît n'avoir toujours agi que poussé par des questions d'intérêt ou d'amour-propre personnel. Mais, comme il avait conscience de la force de son adversaire, ce fut à Danton qu'il s'en prit; et ce fut encore une question toute personnelle qui le fit s'attaquer à Danton et au Comité de salut public : la nomination de Paré au ministère de la justice, poste qu'Hébert avait l'ambition d'obtenir, et pour lequel il pouvait supposer qu'indépendamment de son rôle pendant la révolution et sa notoriété acquise, les articles publiés par lui sur l'éducation devaient être des titres suffisants. Paré avait été secrétaire de Danton lorsque celui-ci était avocat au Parlement ou aux Conseils du roi.

Robespierre et Danton s'unirent pour écraser cette secte. — Ce fut en vain qu'Hébert essaya d'obtenir par l'insurrection la même victoire qu'à l'affaire du 31 mai. Il échoua cette fois, les circonstances n'étant plus les mêmes.

Le rapport de Saint-Just, au nom du Comité de salut public, fut lu le 23 ventôse an II, et le projet de décret adopté à l'unanimité. Hébert fut arrêté dans la nuit du 25 au 26 ventôse.

La procédure contre Hébert et ses complices commença le 1er germinal de la même année, ils étaient au nombre de vingt, savoir :

1° Ronsin ; 2° Hébert ; 3° Vincent ; 4° Monmoro ; 5° Ducroquet ; 6° Kok ; 7° Laumur ; 8° Bourgeois ; 9° Mazuel ; 10° Laboureau ; 11° Aucard ; 12° Leclerc ; 13° Pereyra ; 14° Latreille, femme Quetineau ; 15° Anacharsis-Cloots ; 16° Desfieux ; 17° Descombes ; 18° Armand ; 19° Dubuisson ; 20° Proly.

Ils étaient accusés d'avoir conspiré contre la souveraineté du peuple français et sa liberté ; et d'avoir voulu rétablir le despotisme et la tyrannie, en usant de tous les moyens pour priver le peuple des subsistances, en projetant de massacrer et faire massacrer les représentants du peuple les plus énergiques et les plus zélés défenseurs de la liberté.

Le tribunal révolutionnaire flétrit Hébert comme voleur. Hébert, si violent dans son journal, fut sans aucun courage, et tomba plusieurs fois en défaillance devant le tribunal et dans la prison.

Il fut condamné à la peine de mort avec ses complices (sauf Laboureau, acquitté) le 4 germinal an II[1]. L'exécution eut lieu le même jour ;

[1] 24 mars 1794.

la femme Quetineau, qui s'était déclarée enceinte, obtint un sursis. Hébert avait alors près de trente-sept ans.

Lorsqu'il fut conduit à l'échafaud, le *Père Duchesne* entendit la populace lui répéter les horribles plaisanteries dont il s'était servi, dans son journal, contre les victimes du tribunal révolutionnaire[1].

Sa femme, fut condamnée à mort le 24 germinal an II (18 avril 1794), et exécutée le même jour.

---

[1] Nous possédons une sorte de complainte intitulée : *Histoire de la conjuration du Père Duchesne et ses adieux à sa Jacqueline*. Elle a treize couplets. En voici quelques-uns :

> Adieu, projets, adieu, ma Jacqueline !
> Innocemment j'ai voulu m'agrandir,
> Pour récompense, on va me raccourcir.
> J'ai cru régner... et l'on me guillotine !
>
> Pour réussir mon ardeur fut extrême ;
> De mes desseins rien n'a pu me lasser,
> A tout Paris, afin de m'engraisser,
> Heureusement je fis faire un *carême*.
>
> Je ramassais tous les débris du trône
> Qu'avec leur sang je voulais réunir,
> Si le succès eût suivi mon désir,
> Sur mon *chiendent* je mettais la couronne.
>
> Sur mon journal une horrible figure
> Me présentait en perruque de crin ;
> Mais en effet j'étais un muscadin,
> Et seulement sans-culotte en peinture.

On se représente généralement Hébert comme un homme fortement constitué, et aux vêtements en désordre. Il était, au contraire petit, mince, d'une figure assez jolie, et d'une propreté parfaite. Il avait la parole facile, et s'exprimait avec correction.

J'arrive maintenant à son journal.

Le nom du père Duchesne[1] était connu de longue date. On trouve dans une réimpression publiée par *Caron*, et qui est intitulée : *le Plat de Carnaval*, la relation d'une aventure arrivée au père Duchène, potier de terre et marchand de fourneaux, rue Mazarine, qui jure ou est toujours prêt à jurer à chaque phrase. En 1789, plusieurs pamphlets furent publiés sous le nom du père Duchène. C'était un type, comme, de notre temps, l'a été celui de *Mayeux*.

En 1790, un nommé Lemaire, employé de la poste aux lettres, publiait un petit journal quotidien ayant pour titre : *Lettres bougrement*

---

[1] On trouve ce nom écrit tantôt *Duchène*, tantôt *Duchesne*; mais le plus ordinairement avec cette dernière orthographe.

patriotiques du père Duchène, qui se distribuait dans les rues. Ces feuilles, écrites dans un style de corps de garde, et qui obtinrent un certain succès dans les classes inférieures, donnèrent sans doute, soit à Hébert, soit à Tremblay, l'idée du titre de son journal.

Quoi qu'il en soit, la publication d'Hébert commença en 1790, par des feuilles non numérotées [1], ayant en tête une vignette représentant le *père Duchesne*, une pipe à la bouche et une carotte de tabac à la main, avec deux croix de Malte à la fin, et portant au-dessous de la vignette cette épigraphe : *Je suis le véritable père Duchesne, foutre!* Ces feuilles sortaient de l'imprimerie de Tremblay, qui très-probablement était propriétaire du journal, dont Hébert était simplement le rédacteur [2].

---

[1] On en trouve la preuve dans le n° 1er, où Hébert dit : « J'ai une erreur à réparer dans ma feuille du *Réveillon du père Duchesne et de M. Mirabeau*; je me suis plaint fortement de M. la Touche, chancelier de M. d'Orléans. Je me trompais, » etc.

Donc il avait paru des feuilles antérieurement à celle numérotée 1.

[2] Dans le *Vieux Cordelier* (n° 5), Camille Desmoulins, s'a-

LE PÈRE DUCHESNE

Au premier numéro de janvier 1791 commença le numérotage du journal, afin, sans doute, d'en faciliter la collection.

Le nouveau *Père Duchesne* était rédigé dans le même style grivois que les lettres de Lemaire, et il s'en fallait de beaucoup qu'il eût alors la violence à laquelle il s'est livré plus tard.

En 1790 et 1791, le *Père Duchesne* était constitutionnel ; il faisait l'éloge du roi, de Lafayette ; il blâmait Marat et la Reine, qu'il menaçait du divorce, et réservait l'artillerie de ses jurons contre l'abbé Maury et les noirs. Louis XVI n'y était représenté que comme

dressant à Hébert, dit : « Crois-tu qu'on ne m'a pas raconté
« qu'en 1790 et 1791 tu as persécuté Marat ? Tu as écrit pour
« les aristocrates, » etc.
Hébert, dans sa lettre à Camille Desmoulins, répond : « Re-
« lis ses feuilles (celles de Marat), et tu y trouveras dans plu-
« sieurs l'éloge du journal de Tremblay, *que je rédigeais*
« *alors*, et sur lequel il copiait littéralement les séances de
« l'Assemblée nationale. »
Le journal de Tremblay dont il est ici question n'est pas le
Père Duchesne, qui ne rendait pas compte des séances de
l'Assemblée, mais bien le *Journal du soir sans réflexions*.
Voir la Bibliographie.

un homme trompé, et non comme un trompeur [1].

Ce fut à partir du numéro 10 que cette feuille se mit à vomir contre le roi, la reine et la famille royale les plus ignobles injures, dans le langage des mauvais lieux. Et certes ce journal contribua largement à détruire ce qui restait de la monarchie, en préparant les soulèvements de la populace.

Après le 10 août, et surtout après le 31 mai, les gouvernants d'alors firent circuler le *Père Duchesne* avec profusion dans les départements [2]; les armées en reçurent des ballots énormes.

---

[1] Voir le sommaire du n° 42, et dans le corps de la feuille : « On cherche peut-être le sujet de la maladie de notre bon « roi, tandis qu'il est dans son cœur, » etc.

[2] Nous possédons un exemplaire du n° 334, réimprimé in-4°-sans la vignette du *Père Duchesne*, mais avec celle qui se trouve en tête des actes du gouvernement, et portant : De l'Imprimerie de la rue de la République. Cette réimpression ne porte pas de numéro.

Dans la séance du 3 brumaire an II, de la Société des Jacobins, Montaut s'exprime ainsi : « Je déclare qu'étant « dans l'armée que commandait Custine, j'y ai vu les offi- « ciers, tous aristocrates, qui tenaient l'armée dans une tor-

Au numéro 13, Hébert changea sa vignette, en copiant presque complétement celle d'un autre *Père Duchesne* qui s'imprimait rue du Vieux-Colombier.

Cette vignette représente un homme à moustaches, ayant un sabre au côté, et à la main une hache levée sur un prêtre auquel il adresse

« peur infiniment dangereuse pour la chose publique. Il fal-
« lait un journal écrit avec *adresse* pour réveiller la curiosité
« des soldats. Les représentants du peuple sentirent l'utilité
« du *Père Duchesne*, le firent réimprimer aux dépens de la
« République, » etc.

Camille Desmoulins, dans le cinquième numéro du *Vieux Cordelier* (nivôse, 1re décade, an II de la République), lui adresse le reproche d'avoir reçu, en un seul jour d'octobre dernier, 60,000 livres de Bouchotte, pour six cent mille numéros du *Père Duchesne*, et il ajoute qu'ainsi le fripon d'Hébert a volé 40,000 livres à la nation.

A la séance du club des Jacobins du 16 nivôse an II, le même Camille Desmoulins, répondant à Hébert, dit : « Je
« tiens à la main l'extrait des registres de la trésorerie na-
« tionale, qui porte que le 2 juin il a été payé à Hébert, par
« Bouchotte, une somme de 125,000 livres pour son journal ;
« que, le 4 octobre, il lui a été payé une somme de 60,000 li-
« vres pour six cent mille exemplaires du *Père Duchesne*,
« tandis que ses exemplaires ne devaient coûter que 17,000
« livres »

Bouchotte donna sur ce fait des explications qu'on trouve dans l'*Histoire parlementaire de la Révolution française*, t. XXXI, pages 236-237.

le fameux *memento mori*. La seule différence de la nouvelle vignette d'Hébert avec celle du *Père Duchesne* de la rue du Vieux-Colombier consiste en ce que, dans ce dernier, la croisée à droite a plusieurs barreaux verticaux et horizontaux, et que celle d'Hébert n'en a que deux placés en croix.

Du reste, l'épigraphe d'Hébert reste la même, ainsi que les croix de Malte et l'imprimerie.

Ce vol lui a été reproché par Camille Desmoulins dans son cinquième numéro du *Vieux Cordelier*, où il lui dit : « Ce qui est certain, « c'est qu'avant de t'efforcer de voler la suc- « cession de popularité de Marat tu avais dé- « robé une autre succession, celle d'un *Père* « *Duchesne* qui n'était pas Hébert, car ce n'é- « tait pas toi qui le faisais, il y a deux ans, le « *Père Duchesne*, *je ne dis pas la Trompette* « *du Père Duchesne*[1], mais le véritable *Père* « *Duchesne, le memento mori*. C'était un autre

---

[1] Journal rédigé par Lemaire, pour faire suite aux *Lettres bougrement patriotiques*.

« que toi dont tu as pris les noms, armes et
« jurements, et dont tu t'es emparé de toute la
« gloire, suivant ta coutume. »

Hébert avait déjà cherché à se disculper, ou plutôt il était allé au-devant de l'accusation de vol de la vignette ; dans ses numéros 15 et 16, il terminait sa feuille en disant, après s'être plaint du *Père Duchesne* de la rue du Vieux-Colombier : « Il faut dire à bas les escrocs, il « m'est libre de me faire graver comme il me « plaît. »

Au numéro 23 apparaissent pour la première fois les fameux fourneaux, mais assez grossièrement exécutés. L'imprimeur est toujours Tremblay, rue Basse-du-Rempart, porte Saint-Denis, numéro 11.

La signature d'Hébert se voit enfin, et pour la première fois, sur le numéro 131, ainsi qu'il l'annonce au numéro 130.

La tête de ce journal, jusqu'au numéro 23, a toujours fort embarrassé les amateurs, à raison du changement de la vignette et de la substitution des fourneaux aux croix de Malte.

Deschiens, dans sa *Bibliographie* des journaux, s'exprime ainsi :

« *Duchesne* (Grande colère, grande joie, etc.,
« du *Père*, par Hébert, in-4°.

« Commencé en 1794, ce journal se distin-
« gue des autres *Pères Duchesne* en ce qu'il
« présente à la fin de chaque numéro deux
« fourneaux, dont l'un est ordinairement ren-
« versé. C'est le véritable *Père Duchesne*.

« Il y a deux numéros 26 et deux numé-
« ros 27. Les doubles sont imprimés à Com-
« mune Affranchie, et signés *Dumame*. Ils
« s'adressent aux habitants de Lyon, et ne sont
« pas moins curieux que les numéros d'Hébert.

« Il y a deux numéros 138, l'un signé Hébert
« et l'autre Tremblay.

« Finit au numéro 365 en l'an II, époque où
« l'auteur a été condamné à mort comme con-
« tre-révolutionnaire.

« En tout 368 numéros. »

Autant d'erreurs que de mots, pour ainsi dire.

D'abord, le journal d'Hébert ne commence

pas en 1791, mais bien en 1790 ; seulement, il n'a commencé à numéroter ses feuilles qu'au 1ᵉʳ janvier 1791.

Ensuite il n'est pas le seul qui ait des fourneaux à la fin.

M. Deschiens a compris mal à propos dans le *Père Duchesne* d'Hébert, le *Père Duchesne* publié à Commune-Affranchie par Damame, et qui forme une publication qui lui est complètement étrangère. C'est, en effet, un journal publié à Lyon, qui paraît avoir eu trente-deux numéros au moins. J'ai vu les numéros 1, 15, 17, 22, 24, 25, 27, 28, 29, 32. M. Deschiens cite en outre le numéro 26. J'ai le numéro 24. M. le comte de la Bédoyère en possède plusieurs autres.

La vignette est semblable à celle des derniers numéros d'Hébert, et les fourneaux, dont un renversé, se trouvent à la fin.

M. Deschiens ne dit pas qu'il y a deux numéros 16 qui font réellement partie de la collection d'Hébert.

Nous allons expliquer les numéros doubles,

signés Tremblay, dont M. Deschiens n'indique même pas la totalité.

D'autres personnes, en petit nombre, car il en est peu qui possèdent ces numéros[1], ont cru que le journal d'Hébert devait commencer par des numéros qui ont la vignette représentant le père Duchesne la hache à la main, terminés par les fourneaux, et qui portent les numéros 2, 3, 4, 5, 6, 7, 8, 9.

Si ce n'était pas une erreur, il resterait encore une lacune du numéro 9 au numéro 23. Mais ce qui ne permet pas de placer ces numéros comme tête du journal d'Hébert, c'est que les faits dont ils traitent sont postérieurs à ceux qui font l'objet des numéros qui les suivraient.

D'un autre côté, ces numéros sont imprimés chez la veuve Errard, rue Pavée Saint-Sauveur. Comment croire que Tremblay, qui était imprimeur, aurait fait imprimer son journal par un autre? D'ailleurs, Hébert parle de ce *Père*

---

[1] Nous en devons la communication à M. le comte de la Bédoyère.

Duchesne, dans son numéro 136, dans des termes qui ne laissent aucun doute :

« Pendant longtemps, dit-il, on a ignoré quel
« était le véritable auteur du *Père Duchesne* :
« il aurait toujours gardé l'anonyme si les per-
« sécutions qu'il a éprouvées ne l'avaient forcé
« de se faire connaître. Maintenant plusieurs
« faussaires prennent son titre, et sous ce ca-
« chet débitent toutes sortes de mensonges et
« d'absurdités ; il désavoue donc hautement
« tous ces bâtards dont il ne fut jamais le père,
« et entre autres celui qui se fabrique chez la
« soi-disant veuve Errard, rue Saint-Sauveur.
« C'est une diatribe dégoûtante, particulière-
« ment dirigée contre l'estimable auteur des
« *Lettres du Père Duchesne*. Pour n'être pas
« confondu avec le lâche qui a volé notre titre
« et l'emblème de cette feuille, elle sera signée
« de son auteur. »

Et au numéro 137 : « Le vil plagiaire qui a
« volé le titre de mon ouvrage, mon cachet et
« la griffe de mon imprimeur, prétend que j'at-
« tente à la liberté de la presse, en dévoilant sa

« turpitude. Quoi donc! la liberté de la presse
« s'étend-elle jusqu'à autoriser le premier bar-
« bouilleur à s'emparer du titre d'un ouvrage
« et de l'invention de l'auteur? Au surplus,
« son larcin ne lui a pas profité. Aussi mauvais
« singe du style du *Père Duchesne* que de son
« patriotisme, il a été contraint de vendre à la
« beurrière ses plates déclamations. Sa maî-
« tresse de boutique eut l.ier avec une dame
« de la halle le court entretien consigné dans les
« vers suivants :

    « Combien vends-tu ton Duchesne bâtard?
    « Rien que deux liards, répond la veuve Errard.
    « Mais dis-nous donc le nom et la demeure
    « De son auteur, pour le complimenter.
    « Point je ne veux, commère, le citer,
    « Car n'en voudrois envelopper ton beurre. »

Voici l'explication de l'apparition de ces numéros.

Au numéro 138 du journal d'Hébert, une
scission paraît s'être déclarée entre ce dernier
et Tremblay[1]. Ce numéro d'Hébert n'est pas

---

[1] Hébert, dans son n° 130, disait : « On nous a prévenu

imprimé à la même imprimerie; il porte : Imprimerie de la rue des Filles-Dieu, n° 8, ci-devant Tremblay. Les fourneaux ne sont plus les mêmes; ils sont beaucoup plus petits, et n'ont plus le même aspect. En même temps, sans doute pour faire concurrence à Hébert, Tremblay publie un numéro 138, qu'il signe, qui est imprimé à son imprimerie, et qui a, à la fin, des fourneaux semblables à ceux du numéro 23.

Il en est exactement de même pour le numéro 139.

Le numéro 140 d'Hébert a encore les petits fourneaux, et sort de la même imprimerie que les deux précédents.

Au numéro 141 apparaissent les nouveaux fourneaux, mieux faits, qui se continuent jusqu'à la fin du journal d'Hébert.

« que cette feuille doit être incessamment contrefaite; pour
« l'en empêcher, elle sera signée dorénavant de celui qui l'a
« imaginée et faite sans interruption, depuis les premiers
« jours de la révolution. »

Cet avertissement était sans doute donné en vue de la scission prochaine.

Tremblay publie les numéros 142, 146, 147, 148, 150, 151, toujours en concurrence avec Hébert, toujours avec les anciens fourneaux, imprimés chez lui, Tremblay, et signés par lui.

Il est vraisemblable que Tremblay avait déjà voulu continuer le *Père Duchesne* de la veuve Errard, car quelques numéros sont signés de lui, si ce n'est pas une fausse signature. Nous donnons les sommaires de tous les numéros de la veuve Errard et ceux de Tremblay à la suite du journal d'Hébert.

Voici maintenant les motifs de l'opinion que nous avons avancée sur la tête de ce journal.

A partir du numéro 1ᵉʳ des feuilles qui ont la vignette du Père Duchesne, représenté une pipe à la bouche et une carotte de tabac à la main, chaque numéro porte en fin l'annonce de l'*Almanach du Père Duchesne* qui se vend chez Tremblay. Cette annonce se continue après le changement de la vignette, et même longtemps après l'apparition des fourneaux. Ce fait, indépendamment de ce que dit Hébert à la fin des numéros 15 et 16, prouverait déjà que c'est bien le même journal qui se poursuit, car un autre auteur n'aurait pas voulu annoncer, ou souffrir que l'imprimeur annonçât dans sa feuille l'œuvre d'un autre Père Duchesne. Ces rivaux, en effet, ne s'épargnaient pas les injures, et s'accusaient réciproquement de contrefaçon. Mais une pièce que nous possédons est venue nous confirmer dans notre opinion. C'est un procès-verbal dressé par un juge de paix au sujet de la saisie du numéro 115 du journal d'Hébert. Ce procès-verbal contient des explications qui, suivant nous, donnent la preuve complète de ce que nous avons avancé. En voici des extraits :

« L'an 1792 (IVe de la liberté), le 4 mars, à
« huit heures du matin, est comparu devant
« nous, Jean Valentin Buob[1], juge de paix
« et officier de police de la ville et département
« de Paris, le sieur Jean-Jacques Guérin, de-

---

[1] Buob fut mis à l'Abbaye, d'où il ne sortit que pour être massacré le 3 septembre 1792.

« meurant à Paris, rue Basse-Porte Saint-Denis,
« n° 7, lequel nous a déclaré qu'en sortant
« hier, dans l'après-midi, de chez lui, il avait
« entendu crier dans les rues par un colporteur,
« et offrir en vente une feuille intitulée : *Grande
« colère du père Duchesne contre madame Veto
« qui lui avait offert une pension sur la liste
« civile*, etc., que la curiosité la lui avait fait
« acheter, et qu'il n'a pu résister au sentiment
« d'indignation ; que les expressions scanda-
« leuses qu'il contient sont contraires aux
« bonnes mœurs, et la dénonciation contre la
« reine des Français un véritable scandale. »

Le juge de paix mande l'imprimeur Tremblay,
qui, sur la représentation de la feuille, déclare
qu'il n'en est pas le rédacteur, mais qu'il convient l'avoir imprimée et fait distribuer hier ;
qu'il en a le manuscrit chez lui.

« À lui demandé de nous déclarer le nom et
« la demeure de l'auteur de ladite feuille, a
« répondu se nommer Hébert, qu'il était le ré-
« dacteur de la feuille dont est question, et de
« tous les autres ouvrages qui se sont distribués

« *à son imprimerie* ; que ledit sieur Hébert
« demeurait il y a encore quinze jours chez
« lui, mais que présentement il demeure rue
« Saint-Antoine, vis-à-vis le petit saint Antoine,
« maison d'un papetier. »

On fait venir Hébert, qui commence par accuser le juge de paix Buob, qui, dit-il, lui a manifesté une partialité marquée, qui s'est permis de le calomnier et de le menacer de son autorité à raison de différentes feuilles dont lui Hébert était le rédacteur, notamment à l'époque du 14 juillet de l'année dernière (1791), et de l'avoir menacé de la prison s'il se permettait la moindre réflexion dans son journal, etc.

Le juge de paix lui fait observer que ses feuilles tendent à porter le peuple à la révolte et au manque de respect à tous les pouvoirs constitutionnels, et que c'est toujours dans les circonstances les plus orageuses que les feuilles distribuées chez Tremblay provoquaient le peuple contre les autorités les plus légitimes, répandaient des soupçons sur les démarches les plus innocentes, et enfin portaient le scandale le plus universel parmi les citoyens paisibles et amis de la loi, etc.

Hébert répond qu'il est faux qu'il ait cherché à semer le trouble et la révolte, que ses actions, ses discours et ses écrits n'ont jamais eu pour objet que d'éclairer le peuple, que de lui dévoiler les complots et les machinations de ses ennemis, etc. ; que l'Assemblée législative, qui a applaudi à ses efforts, lui a accordé dans le lieu de ses séances, par un décret, un emplacement pour lui et pour trois de ses co-opérateurs pour traduire dans toutes les langues les décrets de l'assemblée, etc.

Le juge de paix lui réplique qu'il ne signe aucun de ces ouvrages.

Hébert, après des réserves et des protestations, se décide à répondre. Il décline ses nom, prénoms, domicile etc., et déclare *que le numéro saisi est de lui, ainsi que tous ceux dont il fait suite ;* qu'en composant cette feuille dans un style grivois, il n'a eu l'intention que de se mettre à la portée de cette classe peu instruite du peuple qui ne pourrait comprendre d'importantes vérités si elles n'étaient énoncées avec des expressions qui lui sont particulières ; qu'il ne faut pas confondre cet ouvrage avec plusieurs autres *qui ont usurpé son titre* pour donner créance à des productions véritablement incendiaires, etc.

Le juge de paix ordonne que Tremblay sera relaxé, et qu'Hébert sera conduit au dépôt du comité central [1], etc.

Cette pièce est signée de Tremblay, d'Hébert, du sieur Guérin et du juge de paix, au bas de chaque page, et à la fin de chaque vacation.

Nous pensons qu'il résulte clairement et suffisamment de ce procès-verbal que le journal d'Hébert a bien commencé par les feuilles qui portent en tête la vignette représentant le père Duchesne avec une pipe à la bouche et une carotte de tabac à la main, puisque Tremblay et Hébert déclarent que toutes les feuilles imprimées chez Tremblay sont d'Hébert [2]. Nous ajouterons que

---

[1] Hébert, dans son n° 116. parle de cette arrestation, qu'il attribue à la reine, et de sa mise en liberté.

[2] Dans les n°ˢ 33, 34 et 35, Hébert, se plaignant des

le série des numéros se suit exactement, et qu'on n'a jamais vu de numéros du père Duchesne avec la pipe à la bouche et la carotte à la main allant au delà du n° 12 ni de numéros aux fourneaux avant le 25°, si ce n'est ceux de la veuve Errard, qui sont d'une autre collection.

Afin que l'on puisse reconnaître facilement les numéros du journal d'Hébert, et les distinguer de ses concurrents ou contrefacteurs, nous donnons le sommaire de chaque numéro, avec toutes les indications bibliographiques qui peuvent être nécessaires pour éviter les erreurs. Nous avons adopté l'ordre alphabétique des titres pour les feuilles qui ont été publiées avant le numérotage.

Nous terminerons par les sommaires des numéros qu'a publiés Tremblay, et par ceux imprimés chez la veuve Errard.

<small>contrefacteurs, termine ainsi : « Je préviens le public contre
« ces brigandages, et, pour l'en garantir par la suite, je le
« prie de se rappeler depuis quel temps ma feuille a paru :
« elle existait plus de six mois auparavant que tous les bâ-
« tards eussent vu le jour, *et elle n'a cessé de se distribuer*
« *chez Tremblay, mon imprimeur.* »</small>

Nous commençons la série du *père Duchesne* par les feuilles non numérotées, qui ont paru les premières, ainsi que nous l'avons déjà établi.

Nous rappelons que ces feuilles, et celles numérotées jusques et y compris le n° 12, ont pour vignette le père Duchesne avec une pipe à la bouche et une carotte de tabac à la main; Elles ont deux croix de Malte à la fin, et sont imprimées par Tremblay.

Nous signalerons le changement de vignette, l'apparition des fourneaux, les changements d'imprimerie, et tout ce qui apportera quelque modification dans la composition.

Toute la collection est de format in-8°, et chaque feuille a huit pages.

A BAS LES CLOCHES
OU GRANDE DÉCOUVERTE DU PÈRE DUCHESNE
POUR FAIRE
DE LA MONNAIE ET DES CANONS.

CE N'EST PAS LE PÉROU
QUE CES BOUGRES-LA,
OU AVIS SÉRIEUX DU VRAI PÈRE DUCHESNE
AU GÉNÉRAL LA FAYETTE.

LA CONFESSION DU PÈRE DUCHESNE
A L'ABBÉ MAURY
ET CELLE DE L'ABBÉ MAURY
AU PÈRE DUCHESNE

Sa conversion à la constitution, son acceptation d'un vicariat de village, son départ avec des lettres de recommandation du Père Duchesne.

EMPRISONNEMENT DU SIEUR DE CASTRIES
A SAINT-GERMAIN-EN-LAYE, ET GRANDE COLÈRE
DU PÈRE DUCHESNE

Contre son duel avec M. Lameth [1].

FAIS BEAU CUL ET TU N'EN AURAS GUÈRES,
OU L'ABBÉ MAURY
FOUETTÉ PAR LE PÈRE DUCHESNE

Pour avoir jeté un député en bas de la tribune de l'Assemblée nationale.

GRAND DISCOURS DU PÈRE DUCHESNE
AUX GRENADIERS
ET A LA TROUPE DU CENTRE

Pour les empêcher d'entrer dans la maison du roi.

GRANDE COLÈRE DU PÈRE DUCHESNE
CONTRE L'ABBÉ MAURY

Pour l'avoir dénoncé à l'Assemblée nationale.

---

[1] Le duel entre M. de Castries et Charles de Lameth, députés, eut lieu le 12 novembre 1790.

GRANDE COLÈRE
DU PÈRE DUCHESNE CONTRE LE CI-DEVANT PRINCE DE CONDÉ

Qui se dispose à entrer en France à la tête d'une armée étrangère et de tous les aristocrates.

GRANDE COLÈRE
DU PÈRE DUCHESNE CONTRE LES INFAMES MANŒUVRES DU CI-DEVANT CLERGÉ DE FRANCE ET DU PAPE POUR RENVERSER LA CONSTITUTION.

GRANDE COLÈRE
DU PÈRE DUCHESNE CONTRE LE CI-DEVANT COMTE D'ARTOIS

Et la découverte d'un nouveau projet de contre-révolution.

GRANDE COLÈRE DU PÈRE DUCHESNE
SUR LE PROJET D'ENLEVER LE ROI POUR L'AMENER DANS LES PAYS-BAS

Détail curieux de l'entretien qu'il a eu aux Tuileries avec Sa Majesté, pour le détourner de ce dessein.

LE PÈRE DUCHESNE.

GRANDE COLÈRE
DU PÈRE DUCHESNE

Sur la découverte d'un nouveau complot contre la Nation, et les moyens qu'il propose pour prévenir l'accaparement des douze millions de petits assignats qui doivent être mis incessamment en circulation.

GRANDE COLÈRE
DU PÈRE DUCHESNE

Sur le refus du roi de sanctionner le décret concernant la constitution civile du clergé.

GRANDE JOIE
DU PÈRE DUCHESNE SUR LA SANCTION
DU ROI

Au décret du serment civique du clergé, ou Noël en prose bougrement patriotique.

GRANDE JOIE DU PÈRE DUCHESNE
SUR LA NOMINATION DU NOUVEAU GARDE DES SCEAUX
ET SA VISITE AU ROI

Pour le remercier d'avoir choisi M. Duport du Tertre[1].

[1] M. Duport du Tertre fut nommé garde des sceaux le 22 novembre 1790.

GRANDE JOIE DU PÈRE DUCHESNE
SUR L'EMPRISONNEMENT DE PLUSIEURS CONSPIRATEURS
ET LA VICTOIRE

Qu'il a remportée sur le grand chantre du chapitre de Notre-Dame, à la mise des scellés.

GRANDE JOIE DU PÈRE DUCHESNE
SUR LE DÉCRET QUI OBLIGE L'ARCHEVÊQUE DE PARIS
A RENTRER EN SON DIOCÈSE

Et tous les calotins à prêter le serment civique.

GRANDE JOIE DU PÈRE DUCHESNE
SUR CE QUE LE ROI A ENVOYÉ FAIRE FOUTRE LE GRAND AUMÔNIER,
LE PAPE ET TOUS LES CALOTINS.

Sa grande colère contre les sonneurs, les carillonneurs et marguilliers aristocrates, et sa motion bougrement patriotique de fondre la cloche d'argent du palais, qui a donné le signal du massacre de la Saint-Barthelemi, afin qu'il ne reste aucunes traces des cruautés exercées contre les protestants qui reviennent en France.

GRANDE RIBOTTE
DU PÈRE DUCHESNE ET DE JEAN-BART
AU RETOUR DE CE DERNIER

De l'escadre de Brest, et en honneur de la paix signée entre l'Angleterre et l'Espagne.

GRANDE VISITE
DE MADAME LAMOTTE AU PÈRE DUCHESNE
MALADE.

Son étonnement de trouver auprès de son lit un broc de vin pour tisane. Grand malheur qui leur arrive. Description de sa chambre.

LA GRANDE VISITE DU PÈRE DUCHESNE
A M. L'ÉVÊQUE D'AUTUN

Pour le complimenter sur le serment qu'il a prêté à l'Assemblée nationale, et sa grande motion de donner pour étrennes à tous les Évêques qui ne suivront pas son exemple, des pommes au lieu d'oranges.

GRANDE VISITE DU PÈRE DUCHESNE
A MADAME LAMOTTE

Arrivée à Paris pour faire reviser son procès par l'Assemblée : leur conversation sur les complots des aristocrates, et grand malheur qui lui est arrivé.

GRANDE VISITE DU PÈRE DUCHESNE
A MONSIEUR CHARLES LAMETH

Et leur entretien bougrement patriotique.

ILS NE S'EN FOUTRONT PLUS, LES COQUINS !
OU GRANDE JOIE DU PÈRE DUCHESNE

Sur l'installation des nouveaux juges au palais.

L'INDIGNATION DU PÈRE DUCHESNE
CONTRE L'INDISSOLUBRICITÉ (sic) DU MARIAGE, ET SA MOTION
POUR LE DIVORCE

M. DE LA FAYETTE JUGÉ PAR LE PÈRE DUCHESNE
ET SA DÉCOUVERTE
D'UN NOUVEAU PROJET DE CONTRE-RÉVOLUTION

LE PÈRE DUCHESNE
A LA TOILETTE DE LA REINE

Ou détail des vérités qu'il lui a apprises, et les bons conseils qu'il lui a donnés.

LE RÉVEILLON DU PÈRE DUCHESNE
ET DE M. MIRABEAU, OU LE PÈRE DUCHESNE
AU CLUB DES JACOBINS

RÉVOLTE DES CALOTINS
OU GRANDE COLÈRE DU PÈRE DUCHESNE CONTRE LES ABBÉS
ET SÉMINARISTES

Qui ont voulu renverser l'autel de la patrie au champ de Mars.

TU NE NOUS FOUTRAS PAS DEDANS
OU GRANDE COLÈRE DU PÈRE DUCHESNE CONTRE LES INTRIGUES
DE PHILIPPE D'ORLÉANS

N° 1[1]

LES COMPLIMENTS
ET LES VISITES DU JOUR DE L'AN
DU PÈRE DUCHESNE

Où les Étrennes patriotiques de la Nation, de l'Assemblée Nationale, du Roi, de la Reine, de MM. Bailli et La Fayette,

---

N° 2.

QUI VA LA, FOUTRE !
OU LES ALARMES DU PÈRE DUCHESNE
ET SA GRANDE COLÈRE

Contre le Comte d'Artois, le Prince Condé et l'Archevêque de Paris.

[1] Ce numéro est du 1er janvier 1791.

N° 3.

GRANDE COLÈRE
DU PÈRE DUCHESNE CONTRE M. DE LA FAYETTE
ET SES PLAINTES
CONTRE PLUSIEURS ADMINISTRATEURS PUBLICS

N° 4.

LA SOIRÉE DES ROIS DU PÈRE DUCHESNE
OU SON SOUPER DE FAMILLE AVEC JEAN-BART
REPAS PATRIOTIQUE

Et qui a donné lieu à un entretien très-instructif pour les citoyens.

N° 5.

LA FRANCE SAUVÉE
OU LES BIENFAITS DE LA RÉVOLUTION
ET LA GRANDE JOIE DU PÈRE DUCHESNE SUR L'ÉMISSION
DES PETITS ASSIGNATS.

N° 6.

LE COUP DE TAMBOUR DU PÈRE DUCHESNE
OU LES PATRIOTES ASSEMBLÉS
POUR DÉFENDRE L'AMI DU PEUPLE ET LES VAINQUEURS
DE LA BASTILLE

N° 7.

GRANDE COLÈRE
DU PÈRE DUCHESNE CONTRE LES ARISTOCRATES
DU BATAILLON DES RÉCOLLETS

Et sa grande motion de punir le capitaine, le major et le sergent-major. Avis à M. de La Fayette.

N° 8 [1].

GRANDE COLÈRE
DU PÈRE DUCHESNE CONTRE L'ABBÉ MAURY
ET SON DUEL
DANS LE BOIS DE VINCENNES

Pour n'avoir point prêté son serment civique.

N° 9.

LA GRANDE OPINION DU PÈRE DUCHESNE
SUR LE REMBOURSEMENT
DE QUATRE MILLIONS DEMANDÉ A L'ASSEMBLÉE NATIONALE
PAR PHILIPPE D'ORLÉANS

Et son calcul bougrement patriotique en faveur des Artistes et des dames de la Halle.

[1] Cette feuille a également paru non numérotée.

N° 10 [1].

LA GRANDE COLÈRE DU PÈRE DUCHESNE
CONTRE LES CALOTINS
QUI NE PRÊTERONT PAS AUJOURD'HUI LE SERMENT DANS PARIS ET SA GRANDE JOIE

D'avoir entendu M. de Mirabeau déclamer à l'Assemblée contre eux, et son compliment à la Garde Nationale sur sa vigilance.

N° 11.

GRANDE COLÈRE
DU PÈRE DUCHESNE CONTRE LE CI-DEVANT ARCHEVÊQUE DE PARIS

Qui exhorte ses prêtres, dans un mandement, à se laisser pendre pour lui conserver ses 800,000 livres de rente.

---

[1] Il y a des exemplaires de ce numéro qui portent :

LA GRANDE COLÈRE
DU PÈRE DUCHESNE

Au sujet du serment qui se prête aujourd'hui dans Paris; sa grande joie d'avoir entendu M. de Mirabeau déclamer à l'Assemblée contre les calotins, et son compliment à la garde nationale sur sa vigilance.

Du reste, le texte entièrement semblable.

N° 12.

GRANDE JOIE
DU PÈRE DUCHESNE

A l'occasion de ce que M. de Mirabeau est nommé commandant du bataillon de la section Grange-Batelière ; sa grande ribotte avec lui, et l'accolade de l'abbé Maury.

N° 13 [1].

GRANDE JOIE
DU PÈRE DUCHESNE

Sur l'arrivée des trois chefs de la contre-révolution de Lyon, amenés hier à Paris, et renfermés dans les prisons de l'Abbaye.

N° 14.

GRANDE COLÈRE DU PÈRE DUCHESNE
CONTRE LES COQUINS
QUI VENDENT ET FONT VENDRE DES PETITS ASSIGNATS
A LA PORTE DU PALAIS-ROYAL

Et sa malédiction sur tous les agioteurs.

---

[1] Premier numéro avec la vignette représentant le père Duchesne une hache à la main, et avec le *Memento mori*. — Continuation des croix de Malte.

N° 15.

GRANDE JOIE DU PÈRE DUCHESNE
AU SUJET DE LA NOMINATION
DE L'ABBÉ GRÉGOIRE A LA PLACE DE PRÉSIDENT
DE L'ASSEMBLÉE NATIONALE [1]

Et sa grande motion de le faire Évêque de Paris, à la grande satisfaction du Peuple françois.

N° 16.

LA TROMPETTE
DU PÈRE DUCHESNE

Ou son enrôlement de CAVALIERS PATRIOTES, pour aller combattre une armée de Calotins, montés sur des griffons, qui se forme en Italie.

Autre N° 16 [2].

LES RENOUVELLEMENTS DE COLÈRE
DU PÈRE DUCHESNE

Arrivée hier au soir à la porte du Palais-Royal, contre les COQUINS qui vendent et font vendre des ÉCUS et des PETITS-ASSIGNATS.

---

[1] Le 16 janvier 1791. Il fut le quarante-deuxième président de cette assemblée.

[2] Ce deuxième numéro 16 est, sauf le premier paragraphe, la reproduction littérale du numéro 14.

N° 17.

GRANDE COLÈRE
DU PÈRE DUCHESNE

Contre les jean-foutres de CHASSEURS, qui ont voulu faire une contre-révolution hier [1] à la Chapelle-Saint-Denis, et son grand détail de cette bougre de manœuvre, telle qu'elle s'est passée.

N° 18.

GRANDE COLÈRE
DU PÈRE DUCHESNE CONTRE LA MUNICIPALITÉ DE PARIS
QUI SOUFFRE DES ACADÉMIES ET DES TRIPOTS DE JEU
QUI CAUSENT LA RUINE DES CITOYENS.

N° 19.

GRANDE COLÈRE DU PÈRE DUCHESNE
CONTRE LA CRÉATION DES MOUCHARDS PAR LE NOUVEAU RÉGIME.
SON GRAND DÉTAIL

Des mouvements du faubourg Saint-Antoine, qui a voulu en pendre un hier, et ce qu'il en est arrivé à M. de la Fayette pour avoir voulu le sauver.

[1] Le 24 janvier 1791 deux compagnies de chasseurs se rendirent à la Chapelle pour prêter main-forte aux commis contre des contrebandiers ; le peuple se souleva et tua un de ces chasseurs.

N° 20.

LA GRANDE COLÈRE
DU PÈRE DUCHESNE CONTRE L'EXPORTATION DE L'ARGENT DANS LES PAYS ÉTRANGERS,

Dénoncée au club des Jacobins, par un grenadier de la section Mauconseil.

N° 21.

GRANDE COLÈRE DU PÈRE DUCHESNE
CONTRE LES OFFICIERS DE LA GARDE NATIONALE QUI PORTENT LA QUEUE DE LA ROBE DE LA REINE

N° 22.

LA GRANDE VISITE DU PÈRE DUCHESNE
A MESDAMES
AU SUJET DE LEUR DÉPART POUR ROME

Et la grande demande qu'il leur a faite d'envoyer des Indulgences pour les Aristocrates.

N° 23[1].

LA GRANDE COLÈRE DU PÈRE DUCHESNE
CONTRE LES ASSEMBLÉES DES ARISTOCRATES, ET CONTRE
M. CLERMONT-TONNERRE

Dénoncé à toutes les sections, et son grand discours au peuple.

N° 24[2].

GRANDE COLÈRE DU PÈRE DUCHESNE
AU SUJET D'UNE NOUVELLE FABRIQUE DE POIGNARDS A L'ITALIENNE
POUR ÉGORGER LES PATRIOTES

N° 25.

LA GRANDE COLÈRE
DU PÈRE DUCHESNE CONTRE LES MAÎTRES PERRUQUIERS
ET LES PRIVILÉGIÉS

Qui se sont assemblés à l'Archevêché, pour aviser aux moyens de faire la barbe à la municipalité de Paris.

---

[1] Premier numéro ayant des fourneaux.
[2] Il y a des exemplaires où le sommaire est en italique. Du reste, le texte est identiquement le même.

N° 26.

GRANDE CONSPIRATION
CONTRE LES
HABITANTS DES FAUBOURGS SAINT-ANTOINE ET SAINT-MARCEAU
DÉCOUVERTE PAR LE PÈRE DUCHESNE

N° 27.

GRAND COMPLOT
DU PÈRE DUCHESNE

De foutre le fouet aux dévots et dévotes qui s'avisent de distribuer des petits livres incendiaires à la porte des églises.

N° 28.

GRANDE JOIE DU PÈRE DUCHESNE
A L'OCCASION DU DÉCRET CONCERNANT LA LIBERTÉ DE VENDRE
ET CULTIVER LE TABAC

Et la visite aux Fermiers Généraux, pour leur apprendre cette heureuse nouvelle.

N° 29.

GRANDE JOIE
DU PÈRE DUCHESNE

Sur l'arrestation d'une diligence chargée de trois millions pour le compte des Tantes du roi, au bureau des Messageries, par les braves citoyens de la section Mauconseil.

N° 30.

LA GRANDE JOIE DU PÈRE DUCHESNE,
ET L'ABBÉ MAURY
FOUETTÉ PAR LES VIVANDIÈRES DES INVALIDES

Pour avoir ajourné le décret en leur faveur.

N° 31.

VOUS NE PARTIREZ PAS, FOUTRE !
OU LA GRANDE COLÈRE
DU PÈRE DUCHESNE MARCHANT A LA TÊTE DES SECTIONS
DE PARIS

Pour s'opposer au départ des Tantes du roi.

N° 32.

GRANDE COLÈRE DU PÈRE DUCHESNE
CONTRE LES JEAN-FOUTRES DE CALOMNIATEURS DES DAMES
DE LA HALLE
ET DES BOUQUETIÈRES DU PALAIS-ROYAL,

Au sujet du beau discours qu'elles ont fait au roi.

N° 33.

LE COUP DE GRACE
DES FERMIERS GÉNÉRAUX, DES COMMIS DE BARRIÈRE ET DES CHASSEURS SOLDÉS,
OU LA GRANDE JOIE DU PÈRE DUCHESNE

Sur le décret[1] qui supprime les droits d'entrée sur le vin, la viande et toutes les denrées.

N° 34.

HORRIBLE MASSACRE
ARRIVÉ EN BRETAGNE, ET GRANDE COLÈRE DU PÈRE DUCHESNE

Contre un prêtre qui a conduit les brigands, un crucifix à la main, en les excitant au carnage.

N° 35.

GRAND DÉTAIL DE L'AFFREUX MASSACRE
ARRIVÉ EN LANGUEDOC, ET LA GRANDE COLÈRE DU PÈRE DUCHESNE

Contre le ci-devant évêque d'Uzès, qui a causé un grand carnage et massacré des citoyens.

[1] Du 19 février 1791.

N° 36.

LES BONS AVIS
DU PÈRE DUCHESNE A LA FEMME DU ROI,
ET SA GRANDE COLÈRE

Contre les jean-foutres qui lui conseillent de partir et d'enlever le Dauphin.

N° 37.

GRANDE DÉPUTATION
DES DAMES
ET DES FORTS DE LA HALLE AYANT A LEUR TÊTE
LE PÈRE DUCHESNE

Pour complimenter l'abbé Maury de ce qu'il a été nommé Cardinal, et lui porter le chapeau rouge.

N° 38.

LA RENCONTRE
DU PÈRE DUCHESNE ET DU GÉNÉRAL LAPIQUE
A LA COURTILLE,

Et le grand serment qu'ils ont fait de s'unir ensemble contre les Aristocrates.

N° 39.

GRANDE COLÈRE
DU PÈRE DUCHESNE CONTRE LE CI-DEVANT
COMTE DE MIRABEAU

Qui a foutu au nez de l'Assemblée nationale une motion contraire aux intérêts du peuple, en prenant la défense des princes fugitifs, et de tous les émigrants.

N° 40 ¹.

GRANDE JOIE DU PÈRE DUCHESNE
A L'OCCASION
DE LA VICTOIRE REMPORTÉE PAR LES PAYSANS DU COMTAT
SUR LES ARISTOCRATES AU CAMP DE JALÈS,

Et grand combat entre le père de l'abbé Maury et un chanoine de Carpentras.

N° 41.

A LA CHIE-AU-LIT
OU LE TOUR DE CARNAVAL DU PÈRE DUCHESNE
A UNE SOCIÉTÉ D'ARISTOCRATES

Et ses amours avec une ci-devant duchesse

---

¹ Cette feuille est imprimée en petits caractères.

N° 42.

LA GRANDE DOULEUR DU PÈRE DUCHESNE
AU SUJET DE LA MALADIE DU ROI [1],

Et sa grande colère contre les Aristocrates qui empoisonnent ses jours.

N° 43.

GRAND JUGEMENT DU PÈRE DUCHESNE
QUI CONDAMNE
CAPET LE ROUX, CI-DEVANT PRINCE DE CONDÉ

A faire amende honorable au Champ de Mars, en face de l'autel de la Patrie, pieds et tête nus, et portant ces mots écrits devant et derrière le dos : *Traître envers la Nation et le Roi*, et ensuite être conduit dans un tombereau, en place de Grève, pour y finir ses jours comme Favras, et ses biens confisqués au profit du peuple.

N° 44.

LE PAPE AU FOUTRE
OU LA GRANDE COLÈRE DU PÈRE DUCHESNE
CONTRE L'ÉVÊQUE DE ROUEN, QUI VIENT D'EXCOMMUNIER TOUS
LES FRANÇAIS

Et qui, avec les Cardinaux, les Évêques et tous les bougres de Calotins, a formé l'horrible complot de faire

---

[1] Le 20 mars 1791, un *Te Deum* fut chanté pour sa convalescence.

égorger l'Assemblée nationale, le club des Jacobins et tous les bons citoyens. Nomination d'un Patriarche pour gouverner le Clergé de France.

N° 45.

LE POISSON D'AVRIL
DU
PÈRE DUCHESNE

Ou les aristocrates de la Cour, de l'Assemblée nationale et de la Municipalité, attrapés, bernés et sifflés comme ils le méritent.

N° 46.

A CHARENTON TOUS CES BOUGRES-LA !
OU BREVETS POUR LES PETITES-MAISONS, DONNÉS
PAR LE PÈRE DUCHESNE

Au ci-devant Archevêque de Paris; à tous les autres Évêques, Curés, et à tous les jean-foutres de Calotins qui n'ont pas prêté leur serment.

SA GRANDE JOIE

Sur l'installation des nouveaux Curés, et la recommandation qu'il leur fait d'être plus humains, plus charitables que les anciens.

N° 47.

LA GRANDE DOULEUR ET LES PLEURS DU PÈRE DUCHESNE
A L'OCCASION
DE LA MORT DU GRAND MIRABEAU [1]

Et son invitation à tous les bons citoyens de prendre le deuil.

N° 48.

LE DÉSESPOIR DU PÈRE DUCHESNE
APRÈS AVOIR DÉCOUVERT
LA VÉRITABLE CAUSE DE LA MORT DU GRAND MIRABEAU [2] ;
SA GRANDE COLÈRE

Contre les Aristocrates qui ont résolu de poignarder et d'empoisonner tous les bons citoyens.

N° 49.

LA CONDUITE DE GRENOBLE,
OU LA GRANDE JOIE DU PÈRE DUCHESNE

En apprenant que les ci-devant Princes et les jean-foutres d'Aristocrates français sont chassés par tous les peuples de l'Allemagne et de l'Italie.

---

[1] Mirabeau mourut le 2 avril 1791.
[2] Il se fait l'écho des bruits d'empoisonnement qui coururent alors.

N° 50.

LES HIBOUX DÉNICHÉS
OU LA GRANDE COLÈRE DU PÈRE DUCHESNE

En apprenant une nouvelle conspiration des Aristocrates, et après avoir su de bonne part que les jean-foutres de monarchiens tiennent leur sabbat dans les appartements qu'occupaient les Tantes du pouvoir exécutif.

N° 51.

LE MAI DU PÈRE DUCHESNE
PLANTÉ EN RÉJOUISSANCE DE LA LIBERTÉ DES ENTRÉES;

Les FERMIERS GÉNÉRAUX, obligés de faire amende honorable à la barrière de la COURTILLE, et de demander pardon au PEUPLE de l'avoir si longtemps volé, pillé, grugé.

N° 52 [1].

---

[1] Nous n'avons pu nous procurer ce numéro.

N° 53.

GRAND VOYAGE
DU PÈRE DUCHESNE AVEC LE PAPE
EN PARADIS ;

La grande colère du Père Éternel, de Dieu le Fils, et du Saint-Esprit, contre le Saint-Père qui a été couillonné de la bonne sorte par tous les Anges, Archanges, et les Chérubins, pour avoir voulu opérer une contre-révolution en France.

Grand détail de tous les honneurs qui ont été en même temps rendus au Père Duchesne, et sa grande ribotte avec tous les Saints et les Bienheureux.

N° 54.

GRANDE COLÈRE DU PÈRE DUCHESNE
CONTRE L'ABBÉ MAURY
QUI A EMPÊCHÉ LA RÉUNION D'AVIGNON A LA FRANCE,

Et son jugement qui condamne tous les jean-foutres qui ont trahi le Peuple, à être enfermés toute leur vie dans des cages de fer, et exposés dans tous les lieux et places publiques, pour y servir d'exemple à tous les bougres qui seraient tentés de les imiter. Invitation à tous les bons citoyens de voler au secours des Avignonnais, et de les protéger contre les Aristocrates français, qui ravagent leur pays, et qui se préparent ensuite à venir saccager la France.

N° 55.

FOUTEZ-NOUS LE CAMP !
OU LA GRANDE JOIE DU PÈRE DUCHESNE
SUR LE DÉMÉNAGEMENT
DE L'ASSEMBLÉE NATIONALE, ET LA CONVOCATION DE LA NOUVELLE LÉGISLATURE.

Ses remerciments à tous les bons bougres qui ont bien défendu le Peuple ; et sa grande colère contre les jean-foutres qui l'ont trahi, vendu au pouvoir exécutif, avec leurs noms et la liste de leurs demeures.

N° 56.

GRANDE RELATION DU VOYAGE
DU PÈRE DUCHESNE
SUR LES FRONTIÈRES DU ROYAUME

Pour y examiner les préparatifs de guerre des ennemis de la Révolution. Son entretien avec le petit Condé, et sa grande colère en apprenant tous les complots formés contre la France. Découverte de plusieurs trahisons du pouvoir exécutif. Invitation à tous les braves bougres qui aiment la patrie de se tenir sur leurs gardes et bien armés.

N° 57.

GRANDE COLÈRE DU PÈRE DUCHESNE

A l'occasion du prétendu retour du ci-devant comte d'Artois, du petit Condé et de tous les jean-foutres de ci-devant princes.

N° 58.

GRANDE COLÈRE DU PÈRE DUCHESNE
CONTRE LA LOI DU MARC D'ARGENT ET LES AUTRES DÉCRETS QUI FOUTENT MALHEUR AUX PAUVRES GENS

Son grand discours à l'Assemblée nationale pour l'engager à revenir sur ces décrets.

N° 59.

LE PÈRE DUCHESNE
RÉGENT DU ROYAUME PENDANT L'IMBÉCILLITÉ DE GILLES CAPET CI-DEVANT ROI DE FRANCE

N° 60.

GRANDE COLÈRE DU PÈRE DUCHESNE
CONTRE L'INFAME BOUILLÉ

Au sujet des menaces qu'il a fait (sic) à l'Assemblée nationale de venir avec les puissances étrangères ravager la France, et de ne pas laisser pierre sur pierre dans Paris[1].

N° 61.

GRANDE COLÈRE
DU PÈRE DUCHESNE

Et sa grande dispute avec le ci-devant roi, au sujet de sa trahison contre la nation, et des nouveaux complots qu'il médite encore pour foutre le camp et faire la contre-révolution.

N° 62.

GRAND SERMENT DU PÈRE DUCHESNE
ET DE PLUSIEURS MILLIERS DE BRAVES BOUGRES
BIEN DÉTERMINÉS COMME LUI

D'aller égorger Condé, d'Artois et Bouillé, et de rapporter leur tête au bout d'une pique à l'Assemblée nationale.

N° 63.

GRANDE COLÈRE DU PÈRE DUCHESNE
CONTRE LES TRAITRES DE L'ASSEMBLÉE NATIONALE
QUI VEULENT RENDRE LA COURONNE
A GILLES CAPET, CI-DEVANT ROI DE FRANCE.

---

[1] M. de Bouillé écrivit, le 26 juin 1791, à l'Assemblée nationale, cette lettre, datée de Luxembourg. Elle fut lue dans la séance du 30.

N° 64.

GRANDE DOULEUR DU PÈRE DUCHESNE
DE VOIR LA CONSTITUTION S'EN ALLER A BROUET D'ANDOUILLE,
ET SA GRANDE COLÈRE
CONTRE L'ASSEMBLÉE NATIONALE

Qui ne veut plus convoquer la seconde législature, de peur qu'elle ne foute de la pelle au cul à Louis le traître.

N° 65.

LE RÉVEIL DU VÉRITABLE
PÈRE DUCHESNE
POUR FOUTRE LE TOUR AUX ARISTOCRATES
ET A TOUS LES ENNEMIS DE LA CONSTITUTION ;

Sa grande ribotte à la plaine de Grenelle, sous les tentes des braves bougres qui y sont campés, et les adieux qu'il leur a faits avant leur départ.

N° 66.

LE PÈRE DUCHESNE
DÉPUTÉ A LA SECONDE LÉGISLATURE ;
SA GRANDE JOIE

De pouvoir dénoncer tous les jean-foutres, de faire connaître les véritables factieux, et d'empêcher tous les complots qu'ils forment pour nous foutre encore dans l'esclavage.

N° 67.

GRANDE-CONSPIRATION
DÉCOUVERTE PAR LE PÈRE DUCHESNE;
SA GRANDE COLÈRE

Contre les faux patriotes qui s'entendent avec les Aristocrates, pour renverser la constitution, pour foutre la chasse à l'Assemblée nationale et empêcher la seconde législature.

N° 68.

GRANDE COLÈRE DU PÈRE DUCHESNE
CONTRE TOUS LES RENTIERS, MARCHANDS ET FABRICANTS
DE PARIS

Convaincus d'avoir accaparé toute la monnaie, et de vouloir rétablir le despotisme, la noblesse et le clergé. Découverte de tous les complots qu'ils forment pour nous foutre encore dans les griffes de l'aristocratie.

N° 69.

LA CONSTITUTION
PRÉSENTÉE AU ROI [1] PAR LE PÈRE DUCHESNE;
SA GRANDE COLÈRE

Contre les jean-foutres qui veulent l'empêcher de l'accepter, et qui ont résolu d'allumer la guerre civile.

[1] La constitution fut présentée au roi le 3 septembre 1791.

N° 70.-

LA MINE ÉVENTÉE
OU LA GRANDE COLÈRE DU PÈRE DUCHESNE
A LA DÉCOUVERTE
D'UN NOUVEAU PROJET DE CONTRE-RÉVOLUTION ANNONCÉ POUR LE 25 AOUT

N° 71.

ENTRETIEN BOUGREMENT INTÉRESSANT
DU PÈRE DUCHESNE
AVEC LA FEMME DU ROI AU SUJET DE LA CONSTITUTION ; SA GRANDE COLÈRE

Contre les jean-foutres qui l'engagent à foutre la France sans dessus dessous.

N° 72.

LA GRANDE COLÈRE
DU PÈRE DUCHESNE CONTRE LES INTRIGANS ET LES ARISTOCRATES

Qui cherchent à se faire nommer députés à la seconde législature ; leur signalement, demeure et qualités, et avertissement aux électeurs de foutre la chasse à cette bougre de canaille, et de ne nommer que de bons citoyens.

N° 73.

LE RENDEZ-VOUS
DONNÉ PAR LE ROI ET LA REINE
AU PÈRE DUCHESNE

Pour lui faire connoître leurs intentions au sujet de la constitution. Grande découverte de tous les complots formés pour rétablir le despotisme. Discours bougrement patriotique du père Duchesne, et sa grande colère contre ceux qui engagent le roi à prendre ses ministres parmi les membres de l'Assemblée nationale.

N° 74.

LA PROMENADE DU PÈRE DUCHESNE AUX TUILERIES;
SA RENCONTRE AVEC LE ROI
ET LA GRANDE DISPUTE QU'ILS ONT EUE ENSEMBLE AU SUJET DE LA CONSTITUTION.

Observation du roi sur l'acte constitutionnel qui lui a été présenté par l'Assemblée nationale, et la réponse bougrement raisonnable du Père Duchesne, qui l'a enfin déterminé à le signer et l'accepter.

N° 75.

GRANDE COLÈRE DU PÈRE DUCHESNE
CONTRE LES ACCAPAREURS DES BLÉS ET LES MONOPOLEURS.

Découverte d'un infernal complot d'exciter le peuple à la révolte par la cherté du pain, afin d'enlever le roi et de faire la contre-révolution.

N° 76¹.

N° 77.

GRANDE JOIE DU PÈRE DUCHESNE
SON GRAND DISCOURS AU ROI
POUR LE REMERCIER D'AVOIR SIGNÉ LA CONSTITUTION².

Réponse du roi au Père Duchesne, et la promesse qu'il lui a faite d'être fidèle à la nation, et de foutre le tour à tous les bougres qui la trahiront.

N° 78.

LA VISITE DU PÈRE DUCHESNE
A M. LAFAYETTE

Pour le consoler d'avoir perdu la place de commandant général, supprimée par un décret de l'Assemblée nationale, le certificat de service qu'il lui a porté, et le congé absolu qu'il lui a donné de la part des citoyens de Paris.

---

[1] Nous n'avons pu nous procurer ce numéro.
[2] La constitution fut acceptée par le roi le 14 septembre 1791. La proclamation du roi sur son acceptation est du 28.

N° 79[1].

CULOTTE BAS, JEAN-FOUTRE,
OU LA GRANDE COLÈRE DU PÈRE DUCHESNE

Qui a encore une fois foutu les étrivières à l'abbé Maury, avec le tire-pied d'un savetier du coin, pour le punir de tout le mal qu'il a fait à la nation, et de tous les complots qu'il médite encore.

N° 80.

LE TÊTE-A-TÊTE DU PÈRE DUCHESNE
AVEC LA REINE

Dans lequel elle lui a découvert ses plus secrètes pensées et sa satisfaction de toutes les marques de respect et d'attachement que tous les Français donnent maintenant au roi et à sa famille.

N° 81.

LES ADIEUX
DU PÈRE DUCHESNE

A tous les braves bougres qui ont toujours défendu le peuple à l'Assemblée nationale. Sa grande douleur de

---

[1] Ce numéro a été contrefait ou réimprimé avec la vignette semblable à celle du *Père Duchesne* de la rue du Vieux-Colombier, mais sans les fourneaux. La contrefaçon porte : « De l'imprimerie de Tremblay, » mais ce ne sont pas les caractères ordinaires.

voir partir Péthion et Robespierre, et sa grande colère contre les jean-foutres qui ont trahi le peuple: Invitation à tous les départements de traiter ces viédases comme ils le méritent, et de ne leur accorder par la suite aucunes places.

N° 82.

GRANDE JOIE DU PÈRE DUCHESNE
DU DÉPART DE L'ASSEMBLÉE NATIONALE;
SA GRANDE PROVISION

De vinaigre des Quatre-Voleurs pour purifier la salle et empêcher que la contagion ne gagne les nouveaux venus; son grand discours à leur arrivée [1], et les bons avis qu'il leur donne.

N° 83.

LA DIMINUTION DU PAIN
ET DES SUBSISTANCES, DEMANDÉE PAR LE PÈRE DUCHESNE
A LA NOUVELLE LÉGISLATURE.
SA GRANDE COLÈRE

Et sa dénonciation contre les ci-devant financiers, fermiers généraux et autres marchands de chair humaine, qui accaparent les denrées, et qui ont formé le complot de réduire Paris à la famine pendant l'hiver.

---

[1] L'installation de la première Législature eut lieu le 18 octobre 1791.

N° 84[1].

LA VISITE DU PÈRE DUCHESNE AUX NOUVEAUX DÉPUTÉS
POUR LES AVERTIR DE SE DÉFIER DES INTRIGANS ET DES FRIPONS QUI CHERCHENT A LES FOUTRE DEDANS ;
ET SA GRANDE COLÈRE

Contre les bougres qui veulent brouiller l'Assemblée avec le roi.

N° 85 :

LES DERNIERS ADIEUX DU PÈRE DUCHESNE A M. LAFAYETTE ET SA GRANDE COLÈRE

En voyant partir les ci-devant gardes françaises.

N° 86.

GRANDE COLÈRE DU PÈRE DUCHESNE

Après avoir découvert un infâme complot pour égorger l'Assemblée nationale et tous les bons citoyens, afin de rétablir la noblesse et le clergé.

[1] Il y a des exemplaires qui sont numérotés 85.

N° 87.

LE PÈRE DUCHESNE ÉLU MAIRE DE PARIS.
SA GRANDE JOIE

De foutre la chasse aux mouchards, aux escrocs et aux accapareurs d'argent.

SON GRAND SERMENT

D'être toujours fidèle au peuple, de ne jamais souffrir l'augmentation du pain, et de faire pendre tous les cabaretiers s'ils mettent de l'eau dans leur vin ou s'ils l'empoisonnent.

N° 88.

GRANDE COLÈRE
DU PÈRE DUCHESNE

Contre les ministres qui se foutent de la nation et qui ont formé le complot de livrer la France aux Aristocrates et aux étrangers.

LES BONS AVIS

Qu'il donne au roi de chasser cette foutue canaille qui cherche à le brouiller avec le peuple et à rénverser la constitution.

N° 89.

GRANDE COLÈRE DU PÈRE DUCHESNE SUR L'AUGMENTATION DU PAIN,

Et sa grande dispute avec le maire et la municipalité, qui ont occasionné la disette, en foutant de côté le garde-manger, et en ne faisant aucune provision de blés et de farines.

N° 90.

GAGNEZ DONC VOS DIX-HUIT FRANCS, FOUTRE [1],

OU

GRANDE COLÈRE DU PÈRE DUCHESNE

Contre l'Assemblée nationale qui s'amuse à la moutarde, et qui se laisse mener à la lisière par les ministres et par les jean-foutres de la première Législature.

N° 91.

GRANDE COLÈRE DU PÈRE DUCHESNE CONTRE LES MINISTRES QUI FOUTENT LE ROI DEDANS

Et qui s'entendent comme larrons en foire avec les princes pour renverser la constitution. Sa grande visite au roi pour l'engager à faire la conduite de Grenoble à Montmorin et à Duportail et à nommer d'honnêtes gens à leur place.

[1] On sait que chaque député recevait dix-huit francs par jour.

N° 92.

LE DE PROFUNDIS DES ARISTOCRATES
OU LA
GRANDE JOIE DU PÈRE DUCHESNE
NOMMÉ PAR LE ROI MINISTRE DES AFFAIRES ÉTRANGÈRES
A LA PLACE DE MONTMORIN;

Sa grande dispute avec le petit Barnave et Chapellier, auxquels il a foutu des gifles pour leur apprendre à trahir le peuple.

N° 93.

GRANDE COLÈRE DU PÈRE DUCHESNE
ET SA DÉMISSION DE LA PLACE
DE MINISTRE DES AFFAIRES ÉTRANGÈRES, QUE LE ROI
LUI AVAIT DONNÉE.

Sa grande dispute avec la femme du roi, parce qu'il a voulu l'empêcher de se mêler des affaires d'État.
Et l'avertissement qu'il donne à tous les bons citoyens de se tenir sur leurs gardes, à cause du coup de chien qui se prépare.

N° 94.

GRANDE JOIE DU PÈRE DUCHESNE
DE VOIR RESTER LES GARDES FRANÇAISES ET LA TROUPE
DU CENTRE DANS PARIS,

Sa grande dispute et son grand combat avec le bougre d'épicier de malheur qui était la cause de leur départ.

LE PÈRE DUCHESNE.

Désolation des ministres d'être obligés de rengaîner leurs projets de contre-révolution, et de ne pouvoir pas envoyer nos braves camarades à la gueule du canon des émigrants.

N° 95.

LES REMERCIMENTS
DU PÈRE DUCHESNE A L'ASSEMBLÉE NATIONALE,
ET SA GRANDE JOIE

Du décret [1] qui coupe les vivres aux émigrants ; sa grande motion pour envoyer tous les calotins au Mississipi, pour faire pendre les ministres, pour foutre à l'eau tous les agioteurs et mettre la nation en état de se foutre des armées de tous les rois de l'univers.

N° 96.

LA GRANDE JOIE DU PÈRE DUCHESNE
DE CE QUE PÉTHION A ÉTÉ NOMMÉ MAIRE DE PARIS [2].
SA GRANDE VISITE

A ce brave citoyen pour le féliciter et l'engager à foutre sur-le-champ la chasse à tous les mouchards, et à faire rendre les comptes à Bailly et à la municipalité.

---

[1] Du 9 novembre 1791.
[2] Le 14 novembre 1791. Il obtint 6,708 suffrages sur 10,632 votants.

N° 97.

LA GRANDE COLÈRE DU PÈRE DUCHESNE
CONTRE LE ROI

Qui suit les mauvais conseils des jean-foutres qui cherchent à le brouiller avec la Nation, leur entretien au sujet du décret contre les émigrants, que le roi n'a pas voulu sanctionner [1].

N° 98.

LE DÉPART
DU PÈRE DUCHESNE POUR ALLER FOUTRE A LA RAISON
TOUS LES PRINCES D'ALLEMAGNE,

Après avoir obtenu carte blanche de la nation pour faire la paix ou la guerre avec les émigrants et ceux qui les soutiennent.

N° 99.

GRANDE COLÈRE DU PÈRE DUCHESNE
CONTRE LE DÉPARTEMENT DE PARIS
ET SON GRAND JUGEMENT

Qui condamne les administrateurs à faire amende honorable, et à demander pardon à la nation pour avoir engagé le roi à mettre son *veto* sur le décret contre les prêtres réfractaires.

---

[1] Le roi avait apposé, le 12 novembre, son veto au décret contre les émigrants.

N° 100.

GRANDE COLÈRE DU PÈRE DUCHESNE
CONTRE LES BOUGRES QUI FOUTENT LE ROI DEDANS
AU SUJET DU DÉCRET CONTRE LES CALOTINS;

L'entretien qu'ils ont eu ensemble sur le même chapitre ; grand discours du Père Duchesne au roi, pour l'engager à ne pas se laisser mener par le nez, et la réponse du roi qui a promis au Père Duchesne de ne plus suivre que ses bons avis.

N° 101.

GARE LA BOMBE, FOUTRE !
OU LA GRANDE DÉNONCIATION DU PÈRE DUCHESNE
A L'ASSEMBLÉE NATIONALE

Contre le nouveau ministre de la guerre[1], qui veut nous donner un plat de son métier.

Avertissement à tous les citoyens de se mettre en garde contre le coup de chien qu'on prépare, et de ne pas donner des verges pour qu'on les fouette.

N° 102.

GRANDE COLÈRE DU PÈRE DUCHESNE
CONTRE M. VETO

Qui se fout du peuple et qui prend les calotins sous sa protection.

[1] M. de Narbonne, qui partit le 21 décembre 1791 pour visiter l'état des frontières.

N° 103 [1].

N° 104.

LES VISITES DU PÈRE DUCHESNE
A L'ASSEMBLÉE NATIONALE, AU ROI, A LA REINE
AUX MINISTRES.

Et les compliments bougrement sincères qu'il leur a faits [2]. Grand détail des étrennes qu'il a envoyées aux aristocrates de Worms, des Tuileries et du Manége.

N° 105.

LE GATEAU DES ROIS
OU LA SOIRÉE BOUGREMENT JOYEUSE
DU PÈRE DUCHESNE;

Sa grande ribotte avec l'empereur et tous les rois de l'Europe, et la promesse qu'il leur fait de leur foutre les étrivières, s'ils attaquent la France.

---

[1] Nous n'avons pu nous procurer ce numéro.
[2] Ce numéro est sans doute du 1er janvier 1792.

N°. 106.

A BEAU MENTIR QUI VIENT DE LOIN
OU LE MIEL DE NARBONNE
ET LA RÉPONSE DU PÈRE DUCHESNE

Aux contes bleus du ministre de la guerre [1]. Sa GRANDE COLÈRE contre tous les complots que forme M. Veto pour rétablir la noblesse, et pour faire passer le goût du pain à tous les patriotes.

N° 107.

GRANDE COLÈRE DU PÈRE DUCHESNE
CONTRE TOUS LES COUPS DE CHIEN QUE MONSIEUR ET MADAME VETO PRÉPARENT A LA NATION,

Et la conspiration du ministre, des marchands de sucre et des accapareurs [2] contre l'Assemblée nationale.

N° 108.

GRANDE COLÈRE DU PÈRE DUCHESNE
CONTRE TOUS LES COUPS DE CHIEN QUI SE PRÉPARENT

Pour nous mettre à chien et à chat, et nous faire égorger les uns et les autres, afin de donner à M. Veto le droit de nous manger la laine sur le dos, sans pouvoir rien dire.

---

[1] Il s'agit du rapport (du 11 janvier 1792) de M. de Narbonne, au retour de son voyage aux frontières.
[2] Le 20 janvier 1792 un rapport fut fait à l'Assemblée sur les accaparements du sucre et du café.

N° 109.

GRAND DÉTAIL
DU VOYAGE DU PÈRE DUCHESNE
A L'ARMÉE

Pour visiter les frontières, et passer en revue les gardes nationales. Son entrevue avec les généraux Rochambeau, Lukner et Lafayette; et sa grande colère contre le ministre de la guerre, qui nous fout dedans avec son miel de Narbonne.

N° 110.

LA VISITE DU PÈRE DUCHESNE
AU ROI

Pour lui faire sanctionner le décret [1] qui confisque les biens des émigrants. Sa grande colère contre Madame Veto, qui voulait encore envoyer le décret à l'épicier d'André pour envelopper son poivre.

N° 111.

LE GRAND MIRACLE OPÉRÉ SUR M. VETO
PAR LE PÈRE DUCHESNE

Et sa conversion, après avoir vu les piques du faubourg Saint-Antoine.

[1] Du 9 février 1792. Décret qui ordonne de séquestrer les biens es émigrés. Ce décret fut promulgué le 12.

N° 112.

GRAND TAPAGE
DU PÈRE DUCHESNE A L'ASSEMBLÉE NATIONALE,
SA GRANDE COLÈRE

Contre les députés qui se font graisser la patte par la liste civile, et qui vendent le peuple à la folle enchère. Les invitations qu'il donne à tous les membres patriotes de mettre tous leurs têtes dans un bonnet, s'ils ne veulent pas que M. Veto les foute à l'ombre.

N° 113.

LE PÈRE DUCHESNE
NOMMÉ COMMANDANT GÉNÉRAL DE TOUTES LES PIQUES.
SA GRANDE JOIE

De foutre le tour à tous les Aristocrates, et de protéger l'Assemblée nationale contre les viédases qui veulent la dissoudre.

N° 114.

LA CONSIGNE
DONNÉE PAR LE PÈRE DUCHESNE
A TOUTES LES PIQUES

D'entourer et de défendre les Jacobins et les sociétés patriotiques contre une bande de mandrins soudoyés par la liste civile. Son invitation à toutes les femmes de s'armer promptement, si elles ne veulent pas être égorgées avec leurs enfants.

N° 115 [1].

GRANDE COLÈRE DU PÈRE DUCHESNE
CONTRE MADAME VETO

Qui lui a offert une pension sur la liste civile, pour endormir le peuple et le tromper, afin de rétablir la noblesse et de ramener l'ancien régime.

N° 116.

L'ARRESTATION
DU PÈRE DUCHESNE

Par les ordres de madame Veto. Son procès et interrogatoire devant le juge Brid'oison. Sa grande joie d'avoir vu tous les braves sans-culottes prendre sa défense et s'armer de leurs piques pour le délivrer des griffes des mouchards. Grand jugement par lequel il est reconnu comme un brave bougre, et qui ordonne de lui rendre la liberté.

[1] C'est le numéro saisi dont nous avons parlé plus haut; page 52.

Nº 117.

LE BOUGRE EST MORT DE PEUR,
OU LA FIN TRAGIQUE DE L'EMPEREUR
EN RECEVANT
LA RÉPONSE QUE LE PÈRE DUCHESNE LUI A FAITE

En lui envoyant un modèle des piques que les sans-culottes ont forgées pour lui foutre le tour et défendre l'Assemblée nationale et les Sociétés patriotiques, contre les brigands que les rois et les princes soudoient pour ravager la France et égorger tous les patriotes.

Nº 118.

GRANDE COLÈRE
DU PÈRE DUCHESNE.

En apprenant que le roi l'a nommé ministre des affaires étrangères à la place du traître Lessart[1]. Son refus de faire un métier de jean-foutre, et ses bons avis au gros Louis, pour l'engager à faire maison nette, et à foutre la chasse à tous les fripons qui l'entourent.

---

[1] Lessart fut dénoncé à l'Assemblée par l'abbé Fauchet, le 18 janvier 1792. Un décret d'accusation fut rendu contre lui le 10 mars.

N° 119.

LA GRANDE JOIE
DU PÈRE DUCHESNE

D'avoir fait mettre les pouces à madame Veto, dans une visite secrète qu'elle lui a rendue, pour faire sa paix avec lui, en lui présentant deux ministres jacobins. Les bons avis qu'il lui a donnés pour l'engager à vivre, si elle peut, en honnête femme, et à ne plus foutre son nez dans les affaires d'État.

N° 120.

LES GRANDS PRÉPARATIFS
DU PÈRE DUCHESNE
POUR RECEVOIR LES SUISSES DE CHATEAU-VIEUX [1]

La grande ribotte qu'il leur prépare pour les consoler de tous les tourmens qu'ils ont endurés pour la liberté. Sa grande joie de voir madame Veto manger du fromage le jour où ces braves bougres seront conduits en triomphe dans Paris. Invitation à tous les sans-culotte, à tous les bonnets de laine, à l'armée des piques de profiter de cette occasion pour purifier le Champ de Mars.

---

[1] Ils furent mis en liberté en vertu d'un décret du 31 décembre 1791.

N° 121.

LA GRANDE COLÈRE DU PÈRE DUCHESNE

De voir l'Assemblée nationale s'amuser à la moutarde, tandis que les brigands couronnés nous préparent un coup de chien abominable. Découverte d'une grande conspiration de ces mangeurs d'hommes, pour renverser notre constitution et faire égorger tous les patriotes.

N° 122.

LA GRANDE COLÈRE
DU
PÈRE DUCHESNE

Contre les valets et les mouchards de madame Veto, qui veulent empêcher la fête[1] que les bons citoyens préparent pour recevoir les Suisses de Château-Vieux. Sa grande consigne à tous les sans-culottes pour qu'ils aiguisent leurs piques pour foutre le tour aux aristocrates qui veulent troubler cette fête.

N° 123.

LES ŒUFS DE PAQUES DES CALOTINS
OU LA GRANDE JOIE DU PÈRE DUCHESNE

Au sujet du bon décret qui fout tous les frocs aux orties, et fait la barbe à tous les capucins du monde.

[1] Cette fête eut lieu le 15 avril 1792.

N° 124.

OUI, FOUTRE, ÇA IRA!
OU LA RÉCEPTION DU PÈRE DUCHESNE
AUX SOLDATS DE CHATEAU-VIEUX.

La grande ribotte qu'ils ont faite ensemble au faubourg Saint-Antoine; l'ordre qu'il a donné de fabriquer dix mille piques d'une nouvelle forme pour foutre le tour aux mouchards de madame Veto et aux aristocrates qui se disposent à troubler la fête que le peuple prépare, et qui aura lieu malgré la Liste civile et les fripons qu'elle soudoie.

N° 125.

LA GRANDE JOIE
DU PÈRE DUCHESNE

D'avoir donné un pied-de-nez à tous les jean-foutres qui voulaient empêcher la fête des soldats de Château-Vieux. Sa grande ribote avec tous les braves sans-culottes; son déguisement en médecin pour aller rendre visite à madame Veto qui se mourait d'une indigestion pour avoir trop mangé de fromage. Sa grande colère en voyant les mines allongées de tous les viédases qui l'entouraient, et qui lui conseillaient pour se guérir d'aller prendre l'air de Montmédi.

N° 126.

L'ARRÊT DE MORT
DE TOUS LES TYRANS, OU LA DÉCLARATION DE GUERRE
DU PÈRE DUCHESNE

A François dernier, roi d'Hongrie et de Bohême, et à tous les mangeurs d'hommes, ses confrères. Son départ à la tête de l'armée des sans-culottes pour aller foutre le tour aux aristocrates et aux Autrichiens.

N° 127.

GRANDE DÉCLARATION
DU
PÈRE DUCHESNE

Pour engager tous les peuples de l'univers à mettre leur tête dans un bonnet, afin de vivre libres et heureux, après avoir foutu le tour à tous les mangeurs d'hommes qui règnent sur eux. Invitation aux braves sans-culottes de tous les pays de fabriquer des piques et de se réunir à nous.

N° 128.

LA GRANDE COLÈRE
DU
PÈRE DUCHESNE

Après avoir découvert un horrible complot des aristocrates, pour exciter la guerre civile dans Paris et mettre l'intérieur de la France à feu et à sang, tandis que les brigands couronnés l'attaqueront au dehors. La consigne qu'il a donnée à tous les braves sans-culottes de faire des patrouilles pour arrêter une bande d'assassins soudoyés pour égorger les citoyens.

N° 129.

GRANDE COLÈRE DU PÈRE DUCHESNE

Au sujet de la victoire que les Autrichiens ont remportée sur les Français ; son départ à la tête des braves sans-culottes pour venger l'honneur de la nation.

N° 130.

GRANDE COLÈRE DU PÈRE DUCHESNE

De voir les Jacobins à chien et à chat. Le rendez-vous qu'il leur donne à la Courtille pour s'embrasser et se réconcilier, en s'en foutant une bonne pile qui fera crever de rage les feuillants et les aristocrates, qui se flattaient de dissoudre cette société, de faire la contre-révolution.

N° 131[1].

LE PÈRE DUCHESNE
NOMMÉ GÉNÉRAL
A LA PLACE DU MARÉCHAL ROCHAMBEAU

Son entretien secret avec le roi avant son départ pour l'armée, et son grand serment de ne pas revenir avant d'avoir remporté la victoire.

N° 132.

GRANDE COLÈRE DU PÈRE DUCHESNE

Et son grand tapage en apprenant qu'un bougre de gâcheux a pris son nom, et qu'il est soudoyé par les feuillants et les aristocrates, pour tromper le peuple et mettre le désordre dans l'armée.

N° 133.

GRANDE DÉCOUVERTE
DU
PÈRE DUCHESNE

D'une conspiration formée par les calotins, les ci-devant nobles, les financiers et les accapareurs, pour livrer la France aux Autrichiens : son grand jugement qui condamne tous ces pestiférés à être transportés au Mississipi.

[1] Premier numéro signé.

N° 134.

LE RÉVEIL-MATIN DU PÈRE DUCHESNE
OU SA GRANDE COLÈRE

De voir les patriotes les bras croisés, quand les jean-foutres de feuillants, d'accord avec madame VETO, veulent renverser la constitution, et font arrêter les meilleurs citoyens par une bande de mouchards et de scélérats qu'ils soudoient.

N° 135.

LA GRANDE JOIE DU PÈRE DUCHESNE

De ce que la mèche est découverte, et de voir les feuillants et le comité autrichien manger du fromage, de ne pouvoir pas tenir la promesse qu'ils avaient faite à madame VETO, d'égorger tous les braves sans-culottes, et de foutre le feu au faubourg Saint-Antoine.

N° 136.

LA PROMENADE DU PÈRE DUCHESNE
A BAGATELLE

Pour s'informer du comité autrichien; sa rencontre avec madame VETO qui lui a fait sa confession générale, et dit son *mea culpa*, d'avoir manqué le fameux coup de chien qu'elle nous préparait. Nouvelle conspiration des feuillants et des aristocrates pour mettre Paris aux abois par la famine et la guerre civile.

N° 137.

LA GRANDE VISITE DU PÈRE DUCHESNE
AU ROI

Pour l'avertir de toutes les manigances des feuillants, pour l'enlever et le livrer aux ennemis de la nation, afin de faire régner ses frères, et de rétablir la noblesse et le clergé ; sa grande colère de ce qu'il a pris martel en tête, au sujet du brave Pétion, au lieu de le remercier de l'avoir sauvé des griffes des aristocrates et des chevaliers du poignard, qui voulaient l'enlever.

N° 138 [1].

LE DÉMÉNAGEMENT DU COMITÉ AUTRICHIEN
OU LA
GRANDE COLÈRE DU PÈRE DUCHESNE

En faisant la conduite de Grenoble aux feuillants, aux aristocrates, à tous les jean-foutres qui conspiraient contre le peuple, et qui voulaient égorger tous les bons citoyens. Sa grande joie en voyant les pleurs et les lamentations de madame VETO, lorsqu'on a arrêté le chef de ses mouchards.

[1] Cette feuille, dont le numéro d'ordre est beaucoup plus petit qu'aux feuilles précédentes, porte : « Imprimerie de la rue des Filles-Dieu, n° 8, ci-devant Tremblay. » Elle a des fourneaux beaucoup plus petits que les anciens. C'est la première parue depuis la scission qui avait éclaté entre Tremblay et Hébert qui dut se pourvoir ailleurs pour l'impression de son journal.

N° 139 ¹.

LA GRANDE COLÈRE
DU
PÈRE DUCHESNE

Contre un bougre d'endormeur auquel il a donné les étrivières pour l'avoir dénoncé à l'Assemblée nationale, et demandé que toute la nation soit envoyée à Orléans, afin de faire guillotiner tous les patriotes pour les menus plaisirs de madame VETO. Sa grande joie de ce que l'Assemblée a donné une calotte de plomb à ce foutu cerveau brûlé, et un logement à Charenton.

N° 140 ².

LA GRANDE JOIE DU PÈRE DUCHESNE

De voir arriver vingt mille bougres à Paris, de tous les départements pour tenir en bride les jean-foutres de feuillants qui veulent rétablir le despotisme et la noblesse ; ses grands préparatifs pour les recevoir et marcher à leur tête pour foutre la chasse à soixante mille brigands qui sont renfermés dans Paris, et qui attendent le signal pour égorger l'Assemblée nationale et tous les patriotes.

[1] Même observation qu'au numéro précédent.
[2] Le numéro d'ordre est rétabli en chiffres pareils à ceux qui précèdent le 138°. — Mêmes fourneaux et même imprimerie qu'aux numéros 138 et 139.

N° 141[1].

LA GRANDE COLÈRE DU PÈRE DUCHESNE

De voir nos généraux s'amuser à la moutarde au lieu de foutre à bas tous les trônes des tyrans. Ses bons avis au maréchal Luckner pour qu'il se foute enfin un grand coup de peigne avec les Autrichiens, en lui promettant d'aller, à la tête des braves sans-culottes, lui aider à exterminer tous les ennemis de la France et de la liberté.

N° 142.

LA GRANDE COLÈRE DU PÈRE DUCHESNE

Contre les bougres d'épauletiers de la garde nationale qui veulent exciter la guerre civile dans Paris, sa grande joie de voir que les braves volontaires ne donnent pas dans le panneau et qu'ils restent fidèles à l'Assemblée nationale et à la constitution. Sa grande dispute avec le coquin de Figaro, auquel il a foutu des gifles pour avoir insulté le brave Chabot, dans un placard couleur de cocu.

---

[1] A ce numéro apparaissent les nouveaux fourneaux, qui se continuent jusqu'à la fin du journal. — Imprimerie de la rue des Filles-Dieu, n° 8, ci-devant chez Tremblay.

N° 143.

LA GRANDE COLÈRE DU PÈRE DUCHESNE

Contre madame Veto qui a fait raflé de tous les ministres patriotes, et qui se prépare à aller prendre l'air de Montmédi avec Dumouriez. Les bons avis du père Duchêsne à l'Assemblée nationale pour faire rébrousser chemin à la daronne, et l'envoyer à Orléans, avec tous les traîtres et les ennemis du peuple.

N° 144.

LA GRANDE COLÈRE DU PÈRE DUCHESNE

Contre le foutu capon qui a assassiné le brave Grangeneuve ; sa grande visite à la tête des braves sansculottes, pour savoir de ses nouvelles ; leur entretien bougrement patriotique, et le grand serment du père Duchesne, de servir de sentinelle à tous les députés patriotes auxquels madame Veto et les aristocrates veulent faire passer le goût du pain.

N° 145.

LA GRANDE COLÈRE DU PÈRE DUCHESNE

De voir le pouvoir exécutif marcher comme les écrevisses ; sa rencontre avec le roi aux Champs-Élysées, et leur entretien secret au sujet du renvoi des ministres patriotes. Sa grande réponse au général Lafayette, qui déclare la guerre aux jacobins, et qui veut détruire toutes les sociétés patriotiques.

N° 146.

LA GRANDE COLÈRE DU PÈRE DUCHESNE

Contre les jean-foutres de feuillants et tous les fripons soudoyés par la liste civile, qui voulaient empêcher le peuple de parler au gros bourgeois, et faire mettre bas les piques à nos braves lurons des faubourgs, afin d'en faire une capilotade. Son grand discours au roi, au nom des braves sans-culottes, et sa grande joie d'avoir vu madame Veto suffoquée par le hoquet, à force d'avoir mangé du fromage.

N° 147.

LA GRANDE COLÈRE DU PÈRE DUCHESNE

Contre les scélérats qui excitent le roi contre le peuple et qui veulent le détrôner pour mettre ses frères à sa place. Ses remerciments au brave Pétion qui a fait rengainer le drapeau rouge aux jean-foutres qui voulaient égorger les sans-culottes. Sa grande consigne à tous les bons citoyens de veiller sur ce brave bougre que les aristocrates et les chevaliers du poignard ont juré de massacrer.

N° 148.

LA GRANDE COLÈRE DU PÈRE DUCHESNE

De voir que tous les vetotiers, qui voulaient exciter la guerre civile et faire égorger le peuple, ont tiré un coup d'épée dans l'eau. Ses bons avis à la garde nationale pour l'engager à foutre la pelle au cul à l'état-major, et à vivre en paix avec les braves sans-culottes.

N° 149.

LA GRANDE COLÈRE DU PÈRE DUCHESNE

Contre le général Blondinet[1], qui tourne le cul aux Autrichiens, pour livrer bataille aux Jacobins ; sa grande provision d'étrilles, pour épousseter comme il faut le bougre de cheval blanc, en attendant que l'Assemblée nationale lui taille des croupières pour l'empêcher de se cabrer et de regimber contre les sans-culottes.

N° 150.

LA GRANDE JOIE DU PÈRE DUCHESNE

De ce que l'Assemblée nationale a fait mettre les pouces à madame Veto et au comité autrichien, et qu'à leur

---

[1] La Fayette.

barbe et à leur nez tous nos lurons des départements vont arriver pour la fédération. SA GRANDE COLÈRE contre le général COURBETTE et son compagnon Lameth, qui s'entendent comme larrons en foire avec les Autrichiens, et qui ont saigné du nez quand il a fallu se donner un coup de peigne. Son départ pour les frontières, à la tête des braves sans-culottes, pour venger l'honneur de la nation, et tirer vengeance des jean-foutres qui ont mis le feu à Courtray.

N° 151.

LA GRANDE COLÈRE DU PÈRE DUCHESNE

Contre l'Assemblée nationale, qui fait renchérir le fromage, à force d'en faire manger à madame VETO. SA GRANDE JOIE en essuyant les pleurs que la particulière a versés quand on lui a appris le décret qui fout de là pelle au cul à ses mouchards. Invitation bougrement patriotique du véritable marchand de fourneaux à la garde nationale, pour qu'elle fasse promptement la conduite de Grenoble aux pieds plats de l'état-major, et qu'elle les remplace par de braves citoyens.

N° 152.

LA GRANDE JOIE DU PÈRE DUCHESNE

D'avoir vu les Jacobins et les Feuillants s'embrasser, et l'Assemblée nationale, et le roi mettre leur tête dans un bonnet, pour défendre la constitution; sa grande visite au roi, pour le féliciter de sa réconciliation avec les sans-culottes; SA GRANDE COLÈRE contre les jean-foutres du département qui ont suspendu le brave PÉTION [1], pour faire une nouvelle Saint-Barthélemi dans Paris, et allumer la guerre civile dans toute la France.

N° 153.

PÉTION OU LA MORT, FOUTRE !

Ou la grande députation des braves sans-culottes, ayant à leur tête le père Duchesne, pour demander à l'Assemblée nationale qu'elle rende la place au brave PÉTION, et qu'elle déclare que la patrie est en danger, pour exterminer tous les traîtres et les aristocrates.

N° 154.

LA GRANDE JOIE DU PÈRE DUCHESNE

De ce que l'Assemblée nationale a fait mettre les pouces au département, et rendre la place au brave PÉTION [2]. L'invitation qu'il a faite aux fédérés de venir s'en

---

[1] Arrêté du Département du 6 juillet 1792.
[2] Décret de l'Assemblée du 13 juillet 1792.

foutre une pile avec nos lurons du faubourg Saint-Antoine, jusqu'au moment où ils partiront ensemble pour les frontières, et pour exterminer les brigands couronnés qui veulent détruire notre constitution.

N° 155.

LA GRANDE COLÈRE DU PÈRE DUCHESNE

De voir que le brave Luckner se laisse mener par le nez par le comité autrichien, la grande visite qu'il lui a rendue, pour lui découvrir le pot aux roses, et l'engager à servir loyalement le peuple ; leur entretien bougrement patriotique, pendant lequel ils s'en sont foutu une fameuse pile.

N° 156.

LA GRANDE COLÈRE DU PÈRE DUCHESNE,

Contre la blanchisseuse autrichienne, qui a préparé une grande lessive à sa buanderie, pour blanchir le général Blondinet. SA GRANDE JOIE de voir que ce n'est qu'une lessive de gascon, qui ne prendra pas au vis-à-vis des braves fédérés qui savent tous : qu'à laver la tête d'un nègre, on y perd son savon.

N° 157.

LA GRANDE COLÈRE DU PÈRE DUCHESNE

En apprenant la conspiration du comité autrichien, pour amener le roi à Rouen, et y établir les deux chambres. Son départ à la tête des braves fédérés et des sans-culottes, pour empêcher les manigances de madame VETO, en foutant le tour aux Autrichiens, aux Prussiens et au général Courbette.

N° 158 [1].

LA GRANDE COLÈRE DU PÈRE DUCHESNE

De voir que l'Assemblée nationale laisse le traître Blondinet à la tête de nos armées. Sa grande motion pour envoyer le bougre de cheval blanc à la voirie, et pour que la Nation se lève tout entière et fasse mettre les pouces à M. VETO. SA GRANDE JOIE de ce qu'on a foutu la danse au gredin de Despremenil [2].

---

[1] Ce numéro d'ordre est en petits chiffres. — De l'imprimerie de la rue Sainte-Barbe, près la porte Saint-Denis, n° 5, ci-devant chez Tremblay. — Même imprimerie jusqu'à la fin du journal.

[2] Le 27 juillet 1792, M. Despremenil fut battu, déshabillé et sabré au Palais-Royal.

N° 159.

LA GRANDE COLÈRE DU PÈRE DUCHESNE

Au sujet des insultes qui ont été faites aux braves Marseillais [1] par les valets de madame Veto. Sa grande joie de ce qu'ils ont fait mettre les pouces aux grenadiers de la vierge Marie, qui veulent exciter la guerre civile dans Paris, afin de faire partir monsieur et madame Veto, et de les conduire avec les vétotiers de l'Assemblée nationale dans la ville de Rouen.

N° 160.

LA GRANDE COLÈRE DU PÈRE DUCHESNE

De voir que l'Assemblée nationale ne veut pas prendre le mors aux dents et punir tous les traîtres qui veulent détruire la constitution. Sa grande joie au sujet du décret qui accorde des pensions et des établissements à tous les soldats ennemis qui brûleront le cul au despotisme [2].

[1] Ils arrivèrent à Paris le 30 juillet 1792.

[2] Décret du 2 août 1792, qui accorde une pension aux militaires étrangers qui viendront se ranger sous les drapeaux de la France.

N° 161.

LA GRANDE COLÈRE DU PÈRE DUCHESNE

Au sujet de toutes les trahisons de Louis XVI et des coups de chien qu'il médite contre la nation. Sa grande dénonciation à l'Assemblée nationale contre ce roi parjure, et les bons avis qu'il donne aux députés de ne pas se laisser graisser la patte, et, au lieu de faire de la bouillie pour les chats, comme à la révision, de prononcer la déchéance contre le roi de Coblentz.

N° 162.

LA GRANDE COLÈRE DU PÈRE DUCHESNE

De voir que le savon de la blanchisseuse autrichienne a rendu le traître Blondinet aussi blanc que la neige [1]. Ses bons avis aux braves bougres de l'Assemblée nationale, pour qu'ils montrent les dents aux royalistes et aux Feuillants, et les empêchent de laver la race Veto avec une semblable lessive.

N° 163.

LA GRANDE JOIE DU PÈRE DUCHESNE

Au sujet du siége de la ménagerie royale et de la prise du château de Coblentz par les braves sans-culottes et les

[1] Décret du 8 août 1792, qui porte, à la majorité de 426 voix contre 224, qu'il n'y a pas lieu à accusation contre M. de la Fayette.

fédérés [1]. Sa grande colère contre ce traître Veto qui vient de jouer au roi dépouillé, et les bons avis qu'il donne à tous les braves bougres qui aiment la liberté, de ne pas s'endormir dans la victoire.

N° 164.

LE PÈRE DUCHESNE NOMMÉ GARDIEN DE LA TOUR DU TEMPLE [2] POUR SURVEILLER LA MÉNAGERIE ROYALE.

Sa grande colère contre la femme Capet qui voulait se faire enlever avec le gros Louis, par Lafayette et les chevaliers du poignard, pour aller prendre possession du royaume de Coblentz. Sa grande joie de ce que la municipalité a fait rafle de toutes les coquines qui entouraient madame Veto, qui ne peut plus conspirer maintenant qu'avec les chauve-souris.

N° 165.

BONJOUR, BONNE ŒUVRE
OU LE BOUQUET DE LOUIS LE TRAITRE
CI-DEVANT ROI DES FRANÇAIS.
GRAND JUGEMENT DU PÈRE DUCHESNE

Qui condamne le scélérat à être raccourci avec l'infâme Antoinette et toutes les bêtes féroces de la ménagerie, pour avoir voulu mettre la France à feu et à sang, et fait égorger les citoyens.

---

[1] Prise des Tuileries, le 10 août 1792.
[2] Le roi et sa famille furent transférés au Temple le 13 août 1792.

N° 166.

LA GRANDE COLÈRE DU PÈRE DUCHESNE

Après avoir entendu le roi de Coblentz et sa femme méditer de nouveaux coups de chien, pour faire assiéger Paris et le réduire à la famine ; sa grande dispute avec la femme Capet, qui se vante d'avoir sous peu de temps la clef des champs, de faire livrer toutes les villes frontières comme celle de Longwy [1], et d'empêcher la Convention nationale de s'assembler.

N° 167.

LA GRANDE COLÈRE DU PÈRE DUCHESNE

De voir que l'Assemblée nationale se laisse encore brissoter et feuillantiser. SA GRANDE JOIE de ce que la Convention nationale va foutre de la pelle au cul à tous les tripotiers du Manége. Ses bons avis au peuple pour qu'il ne souffre dans cette Convention ni robins, ni calotins, ni beaux esprits, mais seulement des bougres à poil, déterminés à vivre libres ou mourir.

---

[1] La ville de Longwy fut prise par les Prussiens le 23 août 1792, après un bombardement de quinze heures. Elle fut reprise le 22 octobre suivant par Kellermann.

N° 168.

LA GRANDE JOIE DU PÈRE DUCHESNE

De ce que les électeurs de Paris ne prennent pour députés que des bougres à poil et des véritables sans-culottes. SA GRANDE COLÈRE de voir qu'il ne vient ni bon vent, ni bonnes gens de la ci-devant province de Normandie, et qu'on y a nommé les plus fieffés aristocrates qui soient sous la calotte du ciel. Son départ à la tête des braves sans-culottes pour aller barrer le chemin à l'ennemi, et l'empêcher d'arriver à Paris.

N° 169.

LA GRANDE COLÈRE DU PÈRE DUCHESNE

De voir toutes les manigances des faux patriotes et des aristocrates pour faire remonter Louis le traître sur le trône. SA GRANDE JOIE de voir que la Convention nationale va faire couper le sifflet à ce bougre d'ivrogne, les bons avis qu'il donne aux braves sans-culottes pour qu'ils s'arment de leurs piques et se tiennent sur leurs gardes, afin d'éviter tous les coups de chien qu'on leur prépare.

N° 170.

LA GRANDE COLÈRE DU PÈRE DUCHESNE

Au sujet de tous les coups de chien qu'on prépare pour donner la volée à la nichée de hiboux du Temple, et pour empêcher la Convention nationale de s'assembler. Sa grande joie de voir arriver de tous les départements les braves bougres qui vont faire le procès au cornard Capet et l'envoyer à la guillotine avec la louve autrichienne. Son grand chagrin de voir que le père des sans-culottes, que le brave Pétion quitte sa place de maire pour celle de député[1].

N° 171.

LA GRANDE JOIE DU PÈRE DUCHESNE

Au sujet du déménagement des bougres de poules mouillées du Manége[2] qui n'ont pas eu le courage de sauver la France. Ses remercîments à tous les braves bougres qui ont défendu le peuple au milieu de cette foutue cohue. Sa grande provision de vinaigre des quatre voleurs pour purifier la salle où la Convention nationale va s'assembler.

---

[1] Il fut nommé président de la Convention le 21 septembre. Ce fut le premier président de cette assemblée.

[2] L'Assemblée législative se retira, et la Convention s'installa le 21 septembre 1792.

N° 172.

LA GRANDE JOIE DU PÈRE DUCHESNE

Au sujet du décret [1] qui a foutu à bas la royauté et coupé les vivres à tous les aboyeurs de la liste civile. Ses avis à tous les bons citoyens pour qu'ils aient à se défier des faux patriotes qui cherchent à leur jeter de la poudre aux yeux et à s'emparer de l'autorité.

N° 173.

LA GRANDE COLÈRE DU PÈRE DUCHESNE

De ce que le jugement de l'ogre Capet s'en va en eau de boudin; sa grande visite à la tour du Temple, pour mettre ordre dans les dépenses de la ménagerie, sa grande joie d'avoir vu madame Veto en pamoison lorsqu'on lui a annoncé l'antienne de la suppression de la royauté.

N° 174.

LA GRANDE JOIE DU PÈRE DUCHESNE

De voir que le roi des marmotes est détrôné, et que le Mandrin de la Prusse est forcé de mettre les pouces.

[1] Du 21 septembre 1792.

Ses bons avis à tous les citoyens pour qu'ils se défient des têtes couronnées jusqu'à ce qu'ils jouent à la boule avec elles.

N° 175.

LA GRANDE COLÈRE DU PÈRE DUCHESNE

Contre Louis le Templier, qui étouffe à force de manger du fromage depuis qu'on l'a séparé de la louve autrichienne. Sa grande joie de voir que le brave Dumouriez a fait la conduite de Grenoble aux brigands couronnés qui voulaient remettre ce parjure sur son trône. Ses bons avis à tous les peuples afin qu'ils mettent tous leurs têtes dans un bonnet, afin de chasser tous les rois s'ils veulent vivre libres et heureux.

N° 176.

LA GRANDE REVUE DE LA CONVENTION NATIONALE PAR LE PÈRE DUCHESNE.
SA GRANDE COLÈRE

De voir plusieurs Mandrins et des véritables Cartouches parmi les représentants du peuple, sa grande motion pour que l'on coupe les vivres et les oreilles à tous les viédases qui veulent s'emparer de l'autorité.

N° 177.

LA GRANDE COLÈRE DU PÈRE DUCHESNE.

De voir que la Convention nationale se laisse gouverner par des jean-foutres qui lui font faire de la bouillie pour les chats, qu'au lieu de s'occuper du procès du ci-devant roi, elle cherche des poux aux représentants de la Commune qui ont sauvé la République. Ses bons avis aux braves députés pour qu'ils foutent la chasse à tous les faux frères.

N° 178.

LA GRANDE COLÈRE DU PÈRE DUCHESNE

De voir que plusieurs tripotiers brouillent les cartes à la Convention, et cherchent à la faire vanner du côté de Bordeaux, parce qu'ils s'ennuient de boire de la piquette à Paris, et qu'ils veulent s'en foutre des piles éternelles aux dépens de la nation. Ses bons avis à la Convention, pour qu'elle donne la chasse à ces pestiférés qui veulent comme Foulon nourrir les Parisiens avec l'herbe qui croîtra dans les rues.

N° 179.

LA GRANDE COLÈRE DU PÈRE DUCHESNE

Contre les généraux qui nous foutent de la poudre aux yeux, en nous promettant plus de beurre que de pain, et qui livrent le passage aux Prussiens et aux Autrichiens, au lieu de nous apporter la semelle de leurs souliers, comme ils nous l'avaient promis. Ses bons avis à la Convention pour qu'elle rappelle tous les talons rouges de l'ancien régime, qui sont à la tête de nos armées.

N° 180.

LA GRANDE JOIE DU PÈRE DUCHESNE.

De voir que la Convention nationale va, sous peu de jours, charger le citoyen Samson de travailler la marchandise de l'ivrogne Capet et de la guenon d'Autriche. Ses bons avis à la nation, pour qu'elle se débarrasse du petit louveteau qui est né de ce vilain couple.

N° 181.

LA GRANDE JOIE DU PÈRE DUCHESNE

De ce que la Convention nationale a promis aux braves sans-culottes du faubourg Saint-Antoine d'allumer leurs pipes avec la loi martiale[1]. Le grand feu qu'il prépare avec ces bougres à poil, pour brûler le drapeau rouge et tous les décrets qui ne sont pas sanctionnés par le peuple.

N° 182.

LA GRANDE VISITE
DU PÈRE DUCHESNE A LA CONVENTION NATIONALE

Pour lui dire ses vérités et y casser une bonne fois les vitres au sujet des endormeurs qui la mènent par le nez. Son grand discours aux braves députés pour leur mettre le feu sous le ventre afin de les engager à s'occuper du soulagement des pauvres au lieu de s'amuser à la moutarde.

N° 183.

LE PÈRE DUCHESNE
NOMMÉ GÉNÉRAL DES ARMÉES DE LA RÉPUBLIQUE,
SA GRANDE JOIE

De foutre une bonne fois la danse à tous les Mandrins couronnés, de mettre leurs trônes en cannelle, et de changer leurs palais en tabagies, son départ à la tête

---

[1] Elle ne fut abolie que le 23 juin 1793.

des braves sans-culottes pour aller délivrer l'Italie des calotins et des moinaillons, et forcer l'âne rouge, appelé pape, de lui livrer les clefs du paradis.

N° 184.

LA GRANDE COLÈRE DU PÈRE DUCHESNE

De voir qu'on veut brider le peuple et exciter du désordre dans Paris, afin d'avoir l'occasion de faire perdre le goût du pain aux braves sans-culottes. Ses bons avis à tous les braves bougres, qui ne veulent pas redevenir esclaves, de se tenir sur leurs gardes et de se défier de tous les traîtres et des brigands qui les environnent.

N° 185.

LA GRANDE COLÈRE DU PÈRE DUCHESNE

De voir que les sections de Paris cherchent midi à quatorze heures pour la nomination du maire; qu'au lieu de choisir un brave sans-culotte, on veut nommer des têtes à perruques des ci-devant parlements, et des viédases qui font maintenant les bons apôtres pour mieux nous plumer quand ils nous tiendront sous leurs griffes.

N° 186.

LA GRANDE COLÈRE DU PÈRE DUCHESNE

De voir dans la Convention une bougre de clique qui veut la faire marcher comme des écrevisses, et empêcher le jugement du cochon ladre du Temple, pour faire le procès à Robespierre[1]. Sa grande déclaration de guerre au barbouilleur Brissotin qui mène toute cette marotte.

N° 187.

LE DÉGUISEMENT DU PÈRE DUCHESNE EN CALOTIN

Pour confesser l'ivrogne Capet qui lui a défilé tout son chapelet, et lui a dit son *mea culpa*, dans la peur de tomber sous la griffe de Belzébuth, lorsque le fonctionnaire Charlot va le raccourcir.

N° 188.

LA GRANDE COLÈRE DU PÈRE DUCHESNE

Contre les ci-devant fermiers généraux et financiers qui accaparent toutes les denrées et les subsistances, pour

[1] Accusation de Louvet contre Robespierre, le 29 octobre 1792.

nous les faire payer au poids de l'or. Ses bons avis aux braves sans-culottes pour qu'ils se rendent dans leurs sections, pour donner de la pelle au cul à tous les jean-foutres qui étaient cachés depuis le 10 août, et qui lèvent maintenant la crète et veulent se faire nommer à toutes les places pour piller et voler comme ils le faisaient par le passé.

N° 189.

LA GRANDE JOIE DU PÈRE DUCHESNE
AU SUJET DE LA PRISE DE MONS [1] ET DE TOURNAY [2]

Et de voir bientôt revenir nos braves sans-culottes couverts de lauriers, pour foutre le tour à tous les conspirateurs lorsqu'ils auront fait mettre les pouces aux Mandrins couronnés.

N° 190.

LA GRANDE COLÈRE DU PÈRE DUCHESNE

Contre l'apôtre FAUCHET, qui, à l'exemple de Crépin-Maury, son confrère, est devenu l'avocat du diable et veut débarbouiller l'ivrogne CAPET avec la même savonnette qui lui a servi pour blanchir le traître Narbonne.

[1] Par le général Dumouriez, le 6 novembre 1792.
[2] Par le général de la Bourdonnaye, le 8 du même mois.

N° 191.

LA GRANDE JOIE DU PÈRE DUCHESNE

Au sujet de la prise de Bruxelles [1]. Ses bons avis aux braves sans-culottes pour qu'ils foutent le tour aux Autrichiens du dedans, tandis que nos braves volontaires font danser la carmagnole à ceux du dehors. Sa grande dénonciation contre une bande d'aristocrates qui a pour chef l'empoisonneur Figaro, et qui veut remettre sur le trône le petit avorton, ci-devant dauphin royal ; arlequin cousu de pièces et de morceaux, dont la mère ne connaît pas le père.

N° 192.

LA GRANDE COLÈRE DU PÈRE DUCHESNE

D'entendre dire à tous les coins de rues que le Cochon du Temple est sur la litière, qu'il a pris un bouillon de pape, tandis qu'il boit, mange et ronfle comme de coutume. Son déguisement en médecin pour aller tâter le pouls à l'Autrichienne, et lui tirer les vers du nez. Leur entretien secret, dans lequel le gros ivrogne et sa femme lui ont fait connaître la véritable cause de leur mal.

[1] Par le général Dumouriez, le 14 novembre 1792.

N° 193.

LA GRANDE COLÈRE DU PÈRE DUCHESNE

De voir que dans les sections on veut donner de la pelle au cul aux braves bougres qui ont mis le Cocu royal à l'ombre, et qu'on veut donner toutes les places aux signataires et aux brigands qui avaient formé le projet d'égorger le peuple et de mettre Paris en cendre.

N° 194.

LA GRANDE CONFESSION DE LA FEMME CAPET AU PÈRE DUCHESNE

Qui lui a fait dire ses gros et ses petits péchés sans lui donner l'absolution. Sa grande joie d'avoir entendu en secret ses lamentations, tandis qu'au vis-à-vis de ceux qui l'environnent elle fait contre fortune bon cœur.

N° 195.

LA GRANDE COLÈRE DU PÈRE DUCHESNE

De voir que l'on veut toujours faire porter la besace aux sans-culottes. Son grand discours à la Convention pour lui demander qu'elle s'occupe du soulagement des pauvres, et qu'elle fasse cesser le renchérissement des subsistances. Sa grande découverte d'un nouveau complot, pour sauver le Cocu du Temple et lui donner la clef des champs.

N° 196.

LA GRANDE VISITE DU PÈRE DUCHESNE

Aux véritables sans-culottes du faubourg Saint-Antoine, et leur grande ribotte en passant en revue tous les jean-foutres qui accaparent les subsistances, et les traîtres qui se font graisser la patte par les brigands couronnés, afin de faire traîner en longueur le procès du cornard CAPET. Son grand secret pour mettre enfin le feu sous le ventre de la Convention, et les engager à faire sauter la tête de cet ivrogne qui ne devrait pas peser une once.

N° 197.

LA GRANDE COLÈRE DU PÈRE DUCHESNE

Contre les jean-foutres qui volent et pillent le peuple comme dans l'ancien régime, et contre les fournisseurs de l'armée qui habillent les bougres à poil des frontières avec la vieille friperie des piliers, et veulent les chausser avec des souliers de carton. Sa grande dénonciation contre le général Dumouriez qui s'entend avec ces brigands, et monte sur ses grands chevaux pour régenter la Convention quand elle veut faire raccourcir ces monopoleurs.

N° 198.

LA GRANDE COLÈRE DU PÈRE DUCHESNE

De voir que Pétion est remplacé par un foutu marchand de tisane [1], qui va nous réduire à la diète au lieu de nous donner du pain ; qui tâtera le pouls à l'ivrogne CAPET, et emploiera le vert et le sec pour lui conserver la vie et la santé ; qui fera encore donner aux sansculottes des saignées à la manière de Bailly et de Lafayette.

N° 199:

LA GRANDE JOIE DU PÈRE DUCHESNE

De voir que la Convention prend enfin le mors aux dents et est décidée à juger [2] et faire raccourcir l'ivrogne du Temple. Sa grande colère contre les Brissotins, qui veulent nous empoisonner d'un nouveau

[1] Chambon, élu le 3 décembre 1792.
[2] Décret du 3 décembre 1792, qui porte que Louis XVI sera jugé, et qu'il le sera par la Convention.

roi. Grand accident arrivé à un superbe repas du vertueux Roland, et le grand désespoir de ses piqueurs d'assiettes, qui ont été obligés de mâcher à vide.

N° 200.

LA GRANDE COLÈRE DU PÈRE DUCHESNE

Après avoir entendu l'interrogatoire de l'ivrogne CAPET et les réponses de Normand qu'il a faites à la Convention. La grande désolation de l'Autrichienne en songeant qu'on va raccourcir son gros Cocu, et qu'autant lui pend à l'oreille. Testament du ci-devant roi, et les dons qu'il fait aux aristocrates, aux feuillants, aux Brissotiers et même au père Duchesne.

N° 201.

LA GRANDE COLÈRE DU PÈRE DUCHESNE

De voir traîner en longueur le procès de l'ivrogne CAPET, et de ce qu'on lui donne des avocats pour lui ouvrir une porte de derrière. Grande conspiration des Rolandiers pour démantibuler la République, et rétablir la royauté en faveur du prétendu fils de l'Ogre royal. Sa grande joie de ce qu'on a choisi pour procureur de la Commune un véritable sans-culotte [1], qui foutra la danse à tous ces tripotiers.

[1] Lullier, qui fut nommé procureur général syndic le 7 décembre 1792.

N° 202.

LA GRANDE COLÈRE DU PÈRE DUCHESNE

Au sujet du décret qui envoyait Philippe-Égalité et sa femme à Coblentz [1]. Ses bons avis aux braves députés qui ne sont pas encore brissotés, pour qu'ils mettent tous leurs têtes dans un bonnet, afin de donner la pelle au cul à tous les viédases qui tiennent leur sabbat avec la femme de Coco Roland, dans le même lieu où s'assemblait le comité autrichien.

N° 203.

LA GRANDE COLÈRE DU PÈRE DUCHESNE

Contre les brissotiers qui veulent allumer la guerre civile entre Paris et les départements. Sa grande provision de verges trempées dans du vinaigre pour corriger la femme de Coco Roland et lui apprendre à se mêler de son ménage et à ne pas s'occuper des affaires de la République.

N° 204.

LA GRANDE COLÈRE DU PÈRE DUCHESNE

De voir qu'il pleut de l'or et des assignats pour empêcher la Convention de faire raccourcir le Cochon du

---

[1] Décret du 16 décembre 1792, qui expulse les individus de la famille des Bourbons du territoire de la République.

Temple. Ses bons avis à tous les départements pour qu'ils rappellent les viédases, qui, comme Manuel, ont tourné casaque au peuple. Son grand projet de finir la Constitution dans quinze jours, et de rendre tout le monde heureux quand on aura foutu de la pelle au cul à tous les traîtres.

N° 205 [1].

LES VISITES DE L'AN DU PÈRE DUCHESNE,

Et les étrennes bougrement patriotiques qu'il a données à la femme de Coco Roland. Son grand combat avec ce vieux tondu qu'il a relevé du péché de paresse pour lui apprendre à vivre et l'empêcher de chercher noise aux citoyens de Paris; grand malheur arrivé à l'afficheur Louvet en voulant tapisser les coins de rues avec un placard couleur de rose contre les sansculottes.

N° 206.

LA GRANDE COLÈRE DU PÈRE DUCHESNE

Au sujet d'un nouveau complot, pour mettre Paris aux abois et mettre la République à feu et à sang, et livrer

[1] Ce numéro est du 1ᵉʳ janvier 1793.

les Départements aux brigands couronnés. Ses bons avis aux braves sans-culottes, pour les empêcher de donner dans tous les panneaux qu'on leur tend et éviter tous les coups de chien des Rolandiers et des Brissotiers.

N° 207.

LA GRANDE JOIE DU PÈRE DUCHESNE

Et ses grands préparatifs pour s'en foutre une pile éternelle en mangeant le gâteau des SANS-CULOTTES à la place de celui des ROIS. Son invitation à tous les braves bougres qui aiment la Liberté et l'Égalité de suivre son exemple, et de célébrer la fête de l'Égalité.

N° 208.

LA GRANDE COLÈRE DU PÈRE DUCHESNE

De voir que les aristocrates et les royalistes osent lever le masque, et cherchent à faire égorger tous les bons citoyens. Sa grande dénonciation aux lurons du faubourg Saint-Antoine, contre les baladins ci-devant comédiens du roi, qui jouent des farces fabriquées dans le boudoir de la reine Roland et payées par le ministre

Coco, pour jeter des pierres dans le jardin des braves bougres qui sont restés fidèles au peuple ¹.

N° 209.

LE GRAND JUGEMENT
PRONONCÉ PAR LE PÈRE DUCHESNE

Au nom de tous les départements contre l'ivrogne Capet, qui sera raccourci malgré les Rolandiers et les Brissotiers. Sa grande ribotte avec les Fédérés, qui ont juré de mettre tous leurs têtes dans un bonnet avec les Parisiens pour foutre la chasse à tous les intrigants, et aux fripons qui cherchent à allumer la guerre civile, et qui sont payés pour mettre la République en canelle.

N° 210.

LA GRANDE JOIE DU PÈRE DUCHESNE

De voir que la Convention a pris à la fin le mors aux dents et va faire essayer la cravate de Samson au cornard

---

¹ Il s'agit de la pièce de Laya intitulée : l'*Ami des lois*, jouée à la Comédie française, et qui occasionna des troubles à sa cinquième représentation, le 12 janvier 1793.

Capet[1]. Sa grande colère contre les ci-devant marquises et comtesses, qui doivent se déguiser en poissardes, et les foutriquets ci-devant nobles qui prendront l'habit de charbonnier pour aller crier grâce autour de l'échafaud.

N° 211.

LA GRANDE JOIE DU PÈRE DUCHESNE

De voir manger du fromage à tous les jean-foutres, qui voulaient allumer la guerre civile. Sa grande ribotte avec les braves Marseillais et les bougres à poil des départements, qui se sont réunis aux Parisiens, pour faire la conduite de Grenoble aux Rolandins, aux Brissotins et à tous les voleurs de grand chemin, qui voulaient sauver l'ivrogne Capet. Grand désespoir de tous les piqueurs d'assiettes du roi Roland. Fuite de l'engueuseur Manuel[2], qui, de dépit de n'avoir pu régenter la Convention, va se faire maître d'école de village, attendu que les places de mouchards sont supprimées.

---

[1] Le 15 janvier 1793, Louis XVI fut déclaré convaincu de conspiration contre la liberté de la nation, et d'attentat à la sûreté générale. La peine de mort fut prononcée le 17, et l'exécution eut lieu le 21.
Voir le n° 212.

[2] Manuel, dans sa démission de député, le 20 janvier 1793.

N° 212.

ORAISON FUNÈBRE DE LOUIS CAPET
DERNIER ROI DES FRANÇAIS,
PRONONCÉE PAR LE PÈRE DUCHESNE

En présence des braves sans-culottes de tous les départements. Sa grande colère contre les calotins qui veulent canoniser ce nouveau Desrues, et vendent ses dépouilles aux badauds pour en faire des reliques.

N° 213.

LA GRANDE JOIE DU PÈRE DUCHESNE

Au sujet du déménagement du ministre Coco[1], et de voir la mine allongée de tous les piqueurs d'assiettes de la Gironde, qui mangent du fromage de n'avoir plus leur franche lippée à la table de ce vieux tondu. GRANDE DÉSOLATION de l'afficheur Louvet, d'être obligé de se lécher les babines à sec, et de vanner du boudoir de la reine Coco qui ne pourra plus le régaler de nanan et de gimblettes.

N° 214.

GRANDE COLÈRE DU PÈRE DUCHESNE

Contre les sans-culottes qui ne veulent pas voir clair en plein midi, et se laissent manger la laine sur le dos

[1] Rolland, ministre de l'intérieur, donna sa démission le 23 janvier 1793.

par les mêmes jean-foutres qui étoient complices de Capet, et qui nous préparent de nouveaux coups de chien pour livrer la France aux Anglais. SES BONS AVIS aux départements pour les engager à rappeler tous les jean-foutres qui ont tourné casaque au peuple, et qui se sont fait graisser la patte pour sauver l'ivrogne, dont le fonctionnaire Samson vient de délivrer la France.

N° 215.

LA GRANDE COLÈRE DU PÈRE DUCHESNE

De voir que la bande de Mandrins de la Gironde et les Cartouches Brissotins font encore la pluie et le beau temps. Sa grande joie de ce que le marchand de baume[1] qu'ils avaient fait maire de Paris, jette le manche après la coignée. Ses bons avis aux braves sans-culottes, pour qu'ils nomment à sa place le brave PACHE[2] qui a reçu un croc-en-jambes, pour avoir été trop honnête homme, et parce qu'il n'a pas voulu se laisser graisser la patte par les brigands couronnés.

N° 216.

LE CARNAVAL DU PÈRE DUCHESNE

ET SON DÉGUISEMENT pour faire le MARDI GRAS avec les Brissotins, afin de découvrir tous les coups de chien

[1] Chambon, maire de Paris, se démit de ses fonctions le 2 février 1793.
[2] Il fut nommé en effet le 15, par 11,881 voix sur 15,191 votants.

qu'ils méditent pour perdre la République. SA GRANDE JOIE d'avoir pompé à leurs dépens, et de leur avoir foutu le bal, en les faisant danser sans violons.

N° 217.

LA GRANDE COLÈRE DU PÈRE DUCHESNE

En apprenant le mariage du pape avec la veuve Capet, et celui du législateur Manuel avec la Babet gros cul, sœur de Louis le guillotiné. SA GRANDE JOIE de voir que tous les brigands couronnés qui se préparent à fondre sur la France, jouent de leur reste, et se brûlent à la chandelle; ses bons avis à toutes les nations pour qu'elles exterminent les rois, les empereurs et tous les mangeurs d'hommes qui nous font la guerre.

N° 218.

LA GRANDE COLÈRE DU PÈRE DUCHESNE

Contre les tripotiers Brissotins qui viennent de proposer la nouvelle constitution[1], et qui n'ont fait que de la bouillie pour les chats. Ses bons avis aux citoyens de tous les départements, pour délivrer la France de tous les jean-foutres qui trahissent le peuple, et les moyens qu'il propose pour faire une bonne constitution.

[1] Le projet de constitution fut présenté le 15 février 1793.

N° 219.

LA GRANDE COLÈRE DU PÈRE DUCHESNE

De voir tous les coups de chien qu'on nous prépare, pour amener la famine dans Paris et exciter la guerre civile. Ses bons avis aux braves sans-culottes, pour qu'ils se tiennent sur leurs gardes, attendu qu'ils sont environnés de fripons soudoyés par l'Angleterre, et d'émigrés déguisés, qui remuent ciel et terre pour faire la contre-révolution.

N° 220.

LA GRANDE COLÈRE DU PÈRE DUCHESNE

De voir que les mouchards de Lafayette et tous les fripons soudoyés par la liste civile, veulent rétablir les compagnies de grenadiers et de chasseurs pour égorger les sans-culottes et les chasser des assemblées de section. Ses bons avis aux lurons des faubourgs pour qu'ils arrachent les moustaches postiches à ces grenadiers de la vierge Marie, qui veulent rétablir la royauté.

N° 221.

LA GRANDE COLÈRE DU PÈRE DUCHESNE

Contre les généraux qui viennent faire les beaux bras dans les coulisses de l'Opéra, tandis que les Autrichiens foutent le tour à nos armées; sa grande motion pour qu'on envoie à Coblentz tous les talons rouges de l'ancien régime, qu'il ne soit donné aucune place qu'à de véritables sans-culottes, et que les frais de la guerre soient payés par tous les jean-foutres qui sé sont engraissés du sang du peuple.

N° 222.

LA GRANDE COLÈRE DU PÈRE DUCHESNE

De voir que le crane Beurnouville est continué ministre de la guerre et le capon de Garat ministre de l'intérieur. Ses bons avis aux braves sans-culottes, pour les prévenir que les Brissotins nous préparent plus d'un plat de leur métier, pendant que les braves bougres de la Montagne vont parcourir les départements.

N° 223.

LA GRANDE COLÈRE DU PÈRE DUCHESNE

Contre les Brissotins d'Orléans qui ont fait massacrer un représentant du peuple[1] par des estafiers bleus, soudoyés par l'Angleterre. Son grand désespoir de voir que les sans-culottes donnent dans tous les panneaux qu'on leur tend, et qu'ils se détruisent eux-mêmes

[1] Léonard Bourdon.

sans s'en douter ; les bons avis qu'il leur donne, de chasser tous les fripons qui attisent la guerre civile dans tous les départements.

N° 224.

LA GRANDE COLÈRE DU PÈRE DUCHESNE

Contre les généraux qui trahissent la république[1]. Ses bons avis à tous les républicains pour chasser tous les ci-devant nobles et tous les gredins de l'ancien régime qui arment des brigands pour ravager les départements tandis qu'ils cherchent à dissoudre les armées, pour faire la contre-révolution.

N° 225.

LA GRANDE COLÈRE DU PÈRE DUCHESNE

De voir que nous tombons toujours de fièvre en chaud mal. Ses bons avis au peuple pour qu'il se lève afin qu'il rappelle les infâmes députés qui l'ont trahi, et que les généraux qui ont mené nos armées à la boucherie soient raccourcis.

---

[1] Il s'agit sans doute de la bataille de Nerwinde, où les Français furent défaits, le 18 mars 1793.

N° 226.

LA GRANDE COLÈRE DU PÈRE DUCHESNE

Contre l'infâme Dumouriez, qui, après avoir fait massacrer la fleur des sans-culottes, veut détruire la république et nous donner un roi de son acabit. Son GRAND JUGEMENT contre ce scélérat et contre tous les traîtres. Ses BONS AVIS à tous les bons Français pour les engager à poignarder tous les lâches qui oseraient proposer de rétablir la royauté.

N° 227.

LA GRANDE JOIE DU PÈRE DUCHESNE

De voir que les braves sans-culottes sont décidés à mourir plutôt que de souffrir un roi. Sa grande motion pour s'emparer de la foutue race des brigands qui font la guerre à la république, et qu'on mette leurs femmes et leurs enfants à la gueule du canon, si l'infâme Dumouriez ose marcher contre Paris.

N° 228.

LA GRANDE COLÈRE DU PÈRE DUCHESNE

Au sujet de toutes les trahisons de CAPET-BORDEL, ci-devant d'Orléans, pour devenir roi de France ; sa grande découverte de toutes les manigances des Brissotins, des

Rolandins, des Pétionistes, pour faire la contre-révolution. Ses bons avis aux braves sans-culottes, pour assurer la République et foutre le tour aux intrigants et aux traîtres.

N° 229.

LA VISITE
DU PÈRE DUCHESNE A MARAT
DANS SON SOUTERRAIN

Pour le consoler, au nom des braves sans-culottes, de tous les tourments que les Brissotins lui font endurer; l'entretien bougrement patriotique qu'ils ont eu ensemble, pour confondre les scélérats qui veulent perdre la République.

N° 230.

L'ENTRETIEN
BOUGREMENT PATRIOTIQUE DU PÈRE DUCHESNE
AVEC CADET-ROUSSEL

Au sujet de tous les jean-foutres qui brissottent l'argent du peuple, et qui brouillent les cartes dans la Convention pour empêcher de faire la Constitution, afin de rétablir la royauté, en livrant la France aux brigands couronnés qui nous font la guerre.

N° 231.

LA GRANDE COLÈRE DU PÈRE DUCHESNE

Contre les royalistes, les Brissotins, les Girondins, les Rolandins, qui veulent détruire tous les patriotes par la faim, le feu et le poison, et qui, après avoir fait assassiner Lepelletier et Léonard Bourdon, viennent d'empoisonner le brave Lajoski[1], la perle des sans-culottes du faubourg Saint-Marceau.

N° 232.

LA GRANDE COLÈRE DU PÈRE DUCHESNE

Contre Jérôme Pétion, qui, après avoir déserté la sans-culotterie, veut se mettre à la tête de la basoche et d'une armée composée de ci-devants avocats et de procureurs, de marchands de sucre et d'argent, et de tous les honnêtes gens de Lafayette, pour chasser les citoyens inactifs de leurs sections, afin de livrer la France au roi Georges Dandin et de rétablir la royauté, que maître Jérôme et les Brissotins ont juré de défendre jusqu'à la mort.

[1] Qui marcha, le 10 août, à la tête des Marseillais et des canonniers.

N° 233.

LA GRANDE COLÈRE DU PÈRE DUCHESNE

Contre les aboyeurs du Marais, qui mitonnent la contre-révolution au manége. Son départ à la tête des sans-culottes de Paris, pour pulvériser les brigands révoltés dans le département de la Vendée. Le grand serment qu'il fait, aussitôt qu'ils seront exterminés, de revenir avec tous les patriotes des départements pour foutre la chasse à tous les Brissotins, Girondins, Rolandins, Buzotins, qui veulent nous faire manger le plâtre de nos maisons.

N° 234.

LA GRANDE COLÈRE DU PÈRE DUCHESNE

De voir les sans-culottes s'amuser à la moutarde, au lieu d'aller foutre la danse aux prêtres et aux brigands qui ravagent le département de la Vendée. Ses bons avis aux lurons du faubourg Saint-Antoine, pour qu'ils s'arment de fouets de poste et de gourdins, pour faire rentrer dans les caves tous les courtauts de boutique, tous les saute-ruisseaux des ci-devant procureurs et les garçons marchands de sucre, qui veulent faire la contre-révolution à Paris.

N° 235.

LA GRANDE COLÈRE DU PÈRE DUCHESNE

Contre les ci-devant financiers, avocats, procureurs, et les gros boutiquiers qui rient sous cape, de voir ravager les départements. LES BONS AVIS qu'il donne aux femmes de tous les sans-culottes qui partent pour la Vendée, de s'armer de verges pendant l'absence de leurs maris et de faire des patrouilles au ci-devant Palais-Royal et aux spectacles, pour foutre la danse à tous les foutriquets qui prêchent la contre-révolution.

N° 236.

LA GRANDE COLÈRE DU PÈRE DUCHESNE

De voir que les têtes à perruque veulent détruire la République et rétablir la royauté. SA GRANDE MOTION pour forcer les riches de nourrir les femmes et les enfants des sans-culottes qui vont se foutre un coup de peigne avec les brigands de la Vendée, pour défendre les propriétés des jean-foutres qui restent les bras croisés pendant la guerre.

N° 237.

LA GRANDE COLÈRE DU PÈRE DUCHESNE

Au sujet d'un grand complot formé par les Brissotins et les Girondins pour mettre le feu aux quatre coins de Paris et égorger, pendant le tumulte, les patriotes de la Montagne, le maire de Paris, tous les braves bougres de la Commune et les Jacobins, afin de donner la clef des champs à la louve Capet, au petit arlequin du Temple, et de le ramener en triomphe aux Tuileries pour le couronner. SES BONS AVIS aux braves sans-culottes, pour qu'ils forment une armée dans Paris pour défendre la République contre soixante mille blancs-becs arrivés de Coblentz, qui se sont faits courtauts de boutique et saute-ruisseaux des notaires et des avoués.

N° 238.

LA GRANDE COLÈRE DU PÈRE DUCHESNE

Contre les ouvriers que le peuple a chargés de construire le temple de la liberté, qui veulent le détruire[1] et qui, au lieu de prendre cœur à l'ouvrage, se tiennent tous les jours par les crins pour allumer la guerre civile et anéantir Paris. SES BONS AVIS aux braves sans-culottes de Marseille et de Bordeaux, que l'on veut armer contre les Parisiens, afin qu'ils nous aident à donner un grand coup de collier pour délivrer la France des complices de Capet et de Dumouriez, qui sont au milieu de la Convention.

[1] C'est une sorte d'allégorie contre la Convention.

N° 239.

LA GRANDE DÉNONCIATION DU PÈRE DUCHESNE

A tous les sans-culottes des départements, au sujet des complots formés par les Brissotins, les Girondins, les Rolandins, les Buzotins, les Pétionistes et toute la foutue séquelle des complices de Capet et de Dumouriez, pour faire massacrer les braves Montagnards, les Jacobins, la Commune de Paris, afin de donner le coup de grâce à la liberté et de rétablir la royauté. SES BONS AVIS aux braves lurons des faubourgs pour désarmer tous les viédases qui pissent le verglas dans la canicule, et qui, au lieu de défendre la République, cherchent à allumer la guerre civile entre Paris et les départements.

N° 240.

LA GRANDE COLÈRE DU PÈRE DUCHESNE

De se voir obligé de siffler la linotte dans la prison de l'Abbaye [1] par les ordres du comité d'inquisition de la Convention nationale. SES REMERCIMENTS à tous les braves sans-culottes qui ont pris sa défense, et LES BONS AVIS qu'il leur donne pour défendre leur liberté et raser les nouvelles Bastilles que l'on veut élever pour y renfermer tous les Jacobins et les défenseurs de la sans-culotterie.

[1] Arrestation d'Hébert, le 25 mai 1793, par ordre de la commission des Douze.

N° 241.

LA GRANDE JOIE DU PÈRE DUCHESNE

Au sujet de la grande victoire remportée par les sans-culottes sur le comité de contre-révolution qui l'avait fait mettre à l'ombre, et qui a été forcé de mettre les pouces et de lui rendre la clef des champs [1]. Ses bons avis aux braves sans-culottes, afin qu'ils se tiennent toujours debout tant que les traîtres et les conspirateurs vivront.

N° 242.

LA GRANDE JOIE DU PÈRE DUCHESNE

Au sujet de la grande révolution qui vient de foutre à bas l'infâme clique des Brissotins et des Girondins, qui vont à leur tour siffler la linotte [2]. Grand jugement du peuple pour faire gorger à tous ces fripons les monceaux d'or qu'ils ont reçus de l'Angleterre pour allumer la guerre civile, et les assignats qu'ils ont volés à la nation. Ses bons avis aux braves Montagnards, pour qu'ils réparent le temps perdu, et nous donnent une bonne constitution.

---

[1] Le 31 mai.
[2] Le 2 juin 1793, à la suite de l'affaire du 31 mai, la Convention décréta l'arrestation des députés girondins ainsi que des ministres Lebrun et Clavière.

N° 243.

LE PÈRE DUCHESNE
NOMMÉ
GÉNÉRAL DE L'ARMÉE DES SANS-CULOTTES;

Sa grande joie de foutre la danse aux aristocrates qui osent lever la crête et qui mangent du fromage de voir leurs bons amis à l'ombre, et de ne pouvoir allumer la guerre civile entre les départements et Paris. SES BONS AVIS à tous les braves Parisiens, pour qu'ils continuent de rester debout tant que la patrie sera en danger, et jusqu'à ce que la constitution soit faite.

N° 244.

GRANDE CONSPIRATION
DES CURÉS DE PARIS ET DES CALOTINS,
DÉCOUVERTE
PAR LE PÈRE DUCHESNE

Sa grande colère contre les grenadiers de la vierge Marie qui vont badauder aux processions au lieu d'aller combattre dans la Vendée, et qui crient vive la calotte, en attendant qu'ils crient vive le roi. SES BONS AVIS aux braves sans-culottes, pour qu'ils coupent les vivres aux fainéants en soutane, qui vivent de mensonge et qui veulent rétablir l'ancien régime.

N° 245.

LA GRANDE COLÈRE DU PÈRE DUCHESNE

De voir la République à deux doigts de sa perte par toutes les manigances de l'Angleterre et des Brissotins, pour rétablir la royauté en France et mettre sur le trône un des fils du roi Georges Dandin. SES BONS AVIS à tous les braves sans-culottes des départements, pour qu'ils mettent leurs têtes dans un bonnet avec les Parisiens, afin d'éviter la guerre civile et de demander ensemble à la Convention une bonne Constitution, qui assurera la paix à la France, en établissant la liberté et l'égalité.

N° 246.

LA GRANDE JOIE DU PÈRE DUCHESNE

De voir que la Convention est à la fin accouchée d'une bonne Constitution [1], qui va faire cesser la guerre civile et assurer la République. SES BONS AVIS aux riches et aux pauvres, pour qu'ils se tiennent tous par la main au lieu de se manger le blanc des yeux. Son invitation à tous les sans-culottes de la Gironde, de Marseille, du Finistère, et à tous les braves bougres des départements, pour qu'ils se réunissent à leurs frères et leurs bons amis de Paris, afin de jurer de défendre la nou-

---

[1] 23 juin 1793, adoption du nouveau projet de Constitution.

velle Constitution et d'exterminer ensemble les brigands de la Vendée et tous les ennemis de la liberté et de l'égalité.

N° 247.

LA GRANDE COLÈRE DU PÈRE DUCHESNE

Contre les trente jean-foutres que la Convention a fait mettre à l'ombre, qui se sont déclarés les apôtres de la contre-révolution, et qui ont joué des jambes pour aller prêcher la guerre civile dans tous les départements. Ses bons avis à la Convention pour qu'elle marche d'accord avec les sans-culottes qui défendront la liberté et l'égalité jusqu'à la mort. Son grand jugement contre l'infâme Brissot, qui doit être raccourci comme traître, parjure et faussaire, ainsi que ses acolytes Pétion, Buzot, Barbaroux et toute la bougre de séquelle soudoyée par l'Angleterre pour perdre la République.

N° 248.

LA GRANDE VISITE
DU PÈRE DUCHESNE A LA CITOYENNE ROLAND, DANS LA PRISON DE L'ABBAYE,

Pour lui tirer les vers du nez et connaître tous les projets de son vieux cocu contre la République. Son entretien avec cette vieille édentée, qui s'est débou-

tonnée au vis-à-vis de lui, et qui lui a découvert le pot
aux roses au sujet de la contre-révolution que les Brissotins, les Girondins, les Buzotins, les Pétionistes mitonnent d'accord avec les brigands de la Vendée, et
surtout avec le *quibus* de l'Angleterre.

N° 249.

LA GRANDE JOIE DU PÈRE DUCHESNE

De voir que la Constitution est achevée [1], que nos armées
foutent partout la danse aux Prussiens et aux Autrichiens ; que le roi Georges Dandin ne peut plus continuer la guerre. Ses bons avis à tous les citoyens, pour
qu'ils défendent cette Constitution, et donnent le dernier coup de collier qui va exterminer les brigands de la
Vendée et envoyer à la guillotine les Brissotins, Buzotins, Girondins et Pétionistes, qui voulaient allumer
la guerre civile entre Paris et les départements.

N° 250.

LE DÉPART DU PÈRE DUCHESNE

Pour faire son tour de France, afin de faire connaître la
vérité aux départements et éteindre le feu de la guerre
civile. Ses bons avis à tous gascons de la Gironde, du

---

[1] Le 27 juin 1793, la Convention décréta que la Constitution serait présentée à l'acceptation du peuple.

Finistère, du Calvados, qui veulent marcher contre Paris, pour les inviter à passer par la Vendée pour exterminer les brigands avant de venir se battre contre les moulins à vent de Montmartre.

N° 251.

LA GRANDE COLÈRE DU PÈRE DUCHESNE

De voir que nous retombons de fièvre en chaud mal, et que les sans-culottes se laissent toujours manger la laine sur le dos par les aristocrates; SA GRANDE DÉNONCIATION contre le général Custines qui marche sur les traces de Dumouriez, en menant les sans-culottes tambour battant, et en protégeant tous les escrocs dont il a composé son état-major. Ses bons avis à la Convention pour qu'elle ôte le commandement de toutes les armées à tous les talons rouges de l'ancien régime qui trahissent le peuple et s'entendent comme larrons en foire avec les ennemis de la République.

N° 252.

LA GRANDE COLÈRE DU PÈRE DUCHESNE

Contre les scélérats soudoyés par l'Angleterre pour exciter le pillage dans Paris et allumer la guerre civile, afin d'empêcher la Constitution de s'établir. SES BONS AVIS aux braves sans-culottes, pour qu'ils tiennent le serment qu'ils ont fait de respecter les personnes et les propriétés, et qu'ils ne s'amusent pas à la moutarde en faisant la guerre aux marchands de sucre, au lieu de prendre une bonne fois le mors aux dents pour marcher en masse contre les brigands de la Vendée.

N° 253.

LA GRANDE COLÈRE DU PÈRE DUCHESNE

Contre les gredins de financiers, gripe-sous, monopoleurs, accapareurs, qui font un Dieu de leur coffre-fort et qui excitent le désordre et le pillage [1] pour faire la contre-révolution. Ses bons avis à tous ceux qui ont quelque chose à risquer, de mettre leur tête dans un bonnet avec les sans-culottes, qui protégeront leurs propriétés et qui les défendront. SA GRANDE JOIE de ce qu'il ne reste plus que les quatre murailles et les yeux pour pleurer aux richards de Saumur, qui avaient ouvert les portes de leur ville aux brigands de la Vendée, et qui ont été saccagés de la bonne manière, au nom du bon Dieu et du roi de paille qu'ils avaient demandé.

[1] Il s'agit du pillage de savons qui eut lieu à la Grenouillère et au port Saint-Nicolas, le 27 juin 1793.

N° 254.

LA GRANDE VISITE DU PÈRE DUCHESNE
A MILORD BRISSOT,

Pour voir de quelle manière ce jean-foutre siffle la linotte. La confession de ce nouveau Cartouche, qui a dévoilé au marchand de fourneaux, sans le connaître, tous les complots des Rolandins, des Brissotins, des Girondistes, des émigrés de la Vendée et des Anglais, pour perdre la France en détruisant Paris par la famine et le pillage.

N° 255.

LA GRANDE JOIE DU PÈRE DUCHESNE,

De voir la Constitution acceptée par tous les citoyens de Paris. Ses bons avis à tous les sans-culottes des départements, dont on veut nous faire peur, d'arriver promptement au milieu de nous, pour nous en foutre ensemble des piles éternelles de réjouissance de ce que la République est sauvée, malgré les Brissotins, les Rolandins, les Buzotins et tous les jean-foutres soudoyés par l'Angleterre pour nous mettre à chien et à chat les uns contre les autres, et nous détruire par le pillage, la guerre civile et la famine.

N° 256.

LA GRANDE REVUE DE L'ARMÉE BUZOTINE
FAITE PAR LE PÈRE DUCHESNE.

Grand détail de tous les préparatifs du siége de Paris par les recors et pousse-culs de la Normandie. Corps de cavalerie monté sur des ânes et commandé par Lanjuinais. Partage de la France entre les Brissotins et les Rolandins, qui ont créé Pétion empereur de la Vendée. Ses BONS AVIS aux braves sans-culottes des départements qu'on veut faire marcher contre nous, d'amener cette bande de Mandrins pieds et mains liés à la Convention pour leur faire essayer la cravate de l'ivrogne Capet.

N° 257.

LA GRANDE COLÈRE DU PÈRE DUCHESNE

Contre Dumouriez cadet, ci-devant comte de Custines, qui se déclare dictateur, contre le ci-devant duc de Biron, qui ont mis leur tête dans un bonnet avec Buzot, pour détruire la république, et qui ont formé le complot de se joindre aux brigands de la Vendée. Ses bons avis aux sans-culottes pour qu'ils chassent tous les nobles des armées, et qu'ils s'arment de fouets de poste, pour faire déguerpir tous les fripons protégés par le traître Roland, et en particulier le barbouilleur Carra, qui jouit d'une place de 20 mille livres, en vertu d'un brevet délivré dans le boudoir de la reine Coco par les Mandrins de la Gironde.

N° 258.

LA GRANDE COLÈRE DU PÈRE DUCHESNE

Au sujet de la trahison des généraux de la Vendée, qui s'entendent avec les brigands pour conduire et livrer les soldats à la boucherie et livrer notre artillerie. SES BONS AVIS à la Convention pour qu'elle fasse danser Biron. SA GRANDE JOIE de voir les traîtres Westermann et Sandos essayer la cravate de Capet.

N° 259.

LA GRANDE COLÈRE DU PÈRE DUCHESNE

Au sujet d'un nouveau projet de contre-révolution qui doit commencer par un pillage dans Paris, afin d'enlever le petit avorton du Temple. Ambassadeurs envoyés par deux sections de Paris au roi Buzot, pour lui annoncer cette bonne nouvelle, et passer le contrat de mariage de ce roi des Buzes, avec la grosse Babet, sœur de feu Capet, et celui de Louis XVII avec la fille du grand Gorsas. Conspiration de Custines pour livrer le passage aux Autrichiens et aux Prussiens qui doivent assister à ses fiançailles.

N° 260.

LA GRANDE DOULEUR DU PÈRE DUCHESNE

Au sujet de la mort de Marat, assassiné[1] à coups de couteau par une garce du Calvados, dont l'évêque Fau-

---

[1] Le 13 juillet 1793.

chet était le directeur. Ses bons avis aux braves sans-culottes pour qu'ils se tiennent sans cesse sur leurs gardes, attendu qu'il y a dans Paris plusieurs milliers de tondus de la Vendée qui ont la patte graissée pour égorger tous les bons citoyens.

N° 261.

LA GRANDE JOIE DU PÈRE DUCHESNE

De voir que toutes les communes de la république se rallient autour de la constitution, que sa majesté Buzotine commence à jouer au roi dépouillé, et qu'avant qu'il soit l'âge d'un petit chien, les départements rendront justice aux Parisiens, malgré les accapareurs de Marseille et de Bordeaux et les marchands de galon de Lyon.

N° 262.

LA GRANDE VISITE DU PÈRE DUCHESNE

Au général Moustache, ci-devant comte de Custines, en se déguisant en baron allemand pour tirer les vers du nez de ce vieux renard, qui lui a fait connaître tous les coups de chien qu'il avait en tête pour livrer Condé et Valenciennes à nos ennemis, tandis que plus de vingt mille bandits, ci-devant nobles, sont cachés dans Paris, et attendent le signal pour égorger les sans-culottes, et faire la contre-révolution.

N° 263.

LA GRANDE COLÈRE DU PÈRE DUCHESNE

Contre tous les bandits qui veulent exciter du trouble dans Paris, en enlevant le pain chez les boulangers, pour le jeter dans la rivière. Ses bons avis à la Convention, pour qu'elle fasse promptement jouer le général Moustache [1] à la main chaude, attendu qu'il est le chef de tous les brigands, et qu'elle s'occupe nuit et jour du soulagement des pauvres en foutant la chasse aux accapareurs.

N° 264.

LA GRANDE JOIE DU PÈRE DUCHESNE

Après avoir vu Marat dans un songe, dans lequel il lui a fait connaître tous les intrigants, les fripons et les traîtres qui veulent perdre la république. Leur entretien bougrement patriotique sur les moyens de sauver la sans-culotterie. Le serment du vieux marchand de fourneaux de marcher toujours sur les traces de l'Ami du peuple, malgré le poignard et le poison des hommes d'État.

---

[1] Par décret du 21 juillet 1793, la Convention ordonna que le général Custines serait enfermé à l'Abbaye. Il fut décrété d'accusation le 28 du même mois.

N° 265.

LA GRANDE COLÈRE DU PÈRE DUCHESNE

De voir que les sans-culottes s'amusent à la moutarde, au lieu de tailler dans le vif pour sauver la république. Les bons avis qu'il leur donne pour exterminer les brigands de la Vendée, et faire mettre les pouces aux marchands de galon de Lyon. Sa grande motion, pour qu'on mette le grapin sur tous les contre-révolutionnaires, les royalistes, les accapareurs, et qu'on les enferme dans des églises, en braquant devant le canon chargé à mitraille, jusqu'à ce que la paix soit assurée et la constitution établie.

N° 266.

LA GRANDE COLÈRE DU PÈRE DUCHESNE

Au sujet de la capitulation honteuse de Mayence [1] livrée aux Autrichiens par les ordres de l'infâme Custines qui a placé dans toutes les villes de guerre des scélérats pour les rendre de la même manière. Ses bons avis à la Convention pour qu'elle chasse tous les nobles des armées. Sa grande joie de voir le général Moustache jouer à la main chaude en présence des braves bougres des départements, qui arrivent pour la fête du 10 août.

[1] Le 23 juillet 1793.

N° 267[1].

LA GRANDE COLÈRE DU PÈRE DUCHESNE

Contre les Brissotins, les Rolandins, les Royalistes, qui font assiéger les boutiques des boulangers, par leur valetaille, dès la pointe du jour, afin d'exciter du trouble dans Paris pour sauver le traître Custines. Sa grande joie au sujet du décret[2] qui va faire raccourcir tous les accapareurs. Ses bons avis aux sans-culottes, pour empêcher la disette et assurer du travail et du pain à tous les citoyens, quand on aura mis à l'ombre tous les jean-foutres qui soufflent le froid et le chaud pour faire la contre-révolution.

N° 268.

LA GRANDE COLÈRE DU PÈRE DUCHESNE

Au sujet de la prise de Valenciennes[3], qui vient d'être livrée par les amis de Custines. Sa grande joie de voir que la louve autrichienne va être à la fin raccourcie. La grande visite qu'il lui a rendue à la Conciergerie, pour entendre ses cris et ses injures contre la sans-culotterie. Sa grande dénonciation au sujet d'un com-

---

[1] Il y a des exemplaires qui portent n° 266. Le texte est identiquement le même.
[2] Du 26 juillet 1793.
[3] La capitulation de Valenciennes eut lieu le 28 juillet 1793.

plot formé pour demander une amnistie le 10 août, en faveur de Custines et de Brissot, et pour sauver tous les viédases qui ont voulu buzoter la France. Ses bons avis aux braves sans-culottes, pour qu'il se mettent sur leurs gardes pour empêcher ce nouveau coup de chien.

N° 269.

LA GRANDE COLÈRE DU PÈRE DUCHESNE

Contre une nouvelle clique de fripons et d'intrigants qui veulent remplacer les Brissotins et mener la Convention à la lisière, livrer la France à nos ennemis, et donner la clef des champs au petit louveteau du Temple, pour régner en son nom. Sa grande joie de voir arriver les braves sans-culottes des départements pour la fête du 10 août. Les bons avis qu'il leur donne de mettre tous leur tête dans un bonnet, pour exterminer tous les traîtres, et donner le grand coup de collier qui fera marcher la Constitution.

N° 270.

LA GRANDE COLÈRE DU PÈRE DUCHESNE

De voir manquer les subsistances au moment où nos frères des départements viennent manger avec nous le pain de la fraternité. Ses bons avis aux braves sans-culottes pour qu'ils s'emparent de la clef du garde-manger, afin qu'il ne soit plus délivré de bouffaille qu'aux ouvriers et aux hommes utiles, et que les godelureaux et les coquines de l'ancien régime, qui rient de la misère du peuple, soient condamnés à leur tour à faire carême. Sa grande joie de s'en foutre une pile éternelle avec les braves bougres qui vont jurer avec nous, de défendre jusqu'à la mort la république une et indivisible, et la mort des tyrans, des traîtres et des accapareurs.

N° 271.

LA GRANDE JOIE DU PÈRE DUCHESNE

De voir que les braves bougres, envoyés par les départements pour la fête de la Constitution [1], sont décidés à donner avec nous le dernier coup de collier pour sauver la république. Le grand discours qu'il leur adresse avant leur départ, et les bons avis qu'il leur donne pour qu'ils fassent sonner le tocsin dans tous les villages, afin de faire danser la carmagnole aux aristocrates, aux royalistes et aux accapareurs, et ensuite aux Autrichiens et aux Prussiens.

N° 272.

LA GRANDE COLÈRE DU PÈRE DUCHESNE

De voir que l'on allonge la courroie pour le jugement de Brissot, de Custines et des crapauds du Marais. Ses bons

---

[1] La Fédération, 10 août 1793.

avis aux braves sans-culottes des départements, pour qu'ils ne quittent pas Paris avant que tous les traîtres qui ont voulu allumer la guerre civile aient mis la tête à la fenêtre. Son grand discours aux braves Montagnards qui ont fait la Constitution, pour les engager à délivrer le peuple des sangsues de la chicane, et décréter promptement l'instruction publique.

N° 273.

LA GRANDE COLÈRE DU PÈRE DUCHESNE

Contre les riches qui veulent affamer le peuple, en accaparant le blé et les denrées. Ses bons avis à la Convention, pour qu'elle lève une armée de 10 mille sans-culottes dans chaque département, pour forcer les gros fermiers de sortir le blé de leurs greniers, où il moisit, et pour faire prendre l'air au sucre et au savon que les accapareurs cachent dans des souterrains, pour les vendre ensuite au poids de l'or.

N° 274.

LES GRANDS PRÉPARATIFS DU PÈRE DUCHESNE

Pour faire marcher en masse tous les républicains contre les esclaves des despotes. Sa grande joie de foutre, à la gueule du canon, tous les courtauts de boutique, tous les petits clériaux et tous les foutriquets à culottes serrées et aux habits carrés. Sa grande découverte d'un nouveau complot pour sauver le traître Brissot, et sa grande colère contre certains bougres à double face, qui veulent marier la fille de Louis le traître avec un des fils du roi d'Angleterre.

N° 275

LA GRANDE COLÈRE DU PÈRE DUCHESNE

De voir l'accaparement de savon que l'on fait pour blanchir Custines, et la grande lessive que l'on prépare pour le laver de la tête aux pieds. Sa grande dénonciation aux braves sans-culottes, pour leur faire connaître les faux frères qui veulent rétablir la royauté, et tous les fripons qui pêchent en eau trouble.

N° 276.

LA GRANDE COLÈRE DU PÈRE DUCHESNE

Au sujet du tripotage que l'on a employé pour affamer Paris et faire passer nos subsistances aux muscadins de Lyon et aux accapareurs de Marseille. Sa grande ribotte à la Courtille avec toutes ses commères, pour leur découvrir le pot aux roses et leur faire connaître les jean-foutres qui sont cause que nous avons mangé notre pain blanc le premier.

N° 277.

LA GRANDE COLÈRE DU PÈRE DUCHESNE

Contre les jean-foutres qui ne sont dans les places que pour jouer au fin et tirer leur épingle du jeu. Ses bons avis aux braves sans-culottes, de ne choisir, pour juger les traîtres et les conspirateurs, que de pauvres bougres qui n'iront pas chercher midi à quatorze heures pour condamner Custines, et qui n'auront pas les pattes crochues pour empocher l'or et les assignats qu'on leur offrira pour ne pas voir clair en plein midi.

N° 278.

LA GRANDE JOIE DU PÈRE DUCHESNE

Au sujet du raccourcissement du général Moustache[1] qui, après avoir vécu comme un traître et un scélérat, est mort comme un jean-foutre. Ses bons avis à la Convention, pour qu'elle établisse une douzaine de tribunaux pour faire mettre promptement la tête à la fenêtre, à la louve autrichienne, à l'infâme Brissot, et aux autres coquins qui ont trahi le peuple et allumé la guerre civile.

[1] Le général Custines fut exécuté, sur la place de la Révolution, le 28 août 1793.

N° 279.

LA GRANDE COLÈRE DU PÈRE DUCHESNE

De voir que les gros continuent de manger les petits, et que les riches se déclarent tous les ennemis de la république. Sa grande joie de voir que les muscadins de Lyon vont être mis à la raison. Ses bons avis à la Convention pour qu'elle ôte l'autorité aux riches, qu'elle protége les pauvres, et qu'elle ne souffre pas plus longtemps que tous les œufs soient dans un même panier, comme dans l'ancien régime.

N° 280.

LA GRANDE JOIE DU PÈRE DUCHESNE

En apprenant que les marchands de sucre et les accapareurs de Marseille ont été forcés de mettre les pouces, et d'ouvrir les portes de cette ville aux troupes de la république qui y sont entrées en triomphe. Sa grande motion pour que le fonctionnaire Samson joue bientôt à la boule avec la tête de la louve autrichienne et celle de Brissot, de Vergniaud, du calotin Fauchet et des autres scélérats qui voulaient détruire la sans-culotterie.

N° 281.

LA GRANDE COLÈRE DU PÈRE DUCHESNE

De voir que l'on souffre tous les bandits du Palais-Royal, tous les vendeurs d'argent, tous les filous qui dévalisent tous les passants. Ses bons avis au général des sans-culottes, de faire main basse sur toute cette canaille, et d'en purger une bonne fois Paris. Sa grande douleur en apprenant que les soldats de la république ont abandonné la victoire auprès de Lille, pour se livrer au pillage, et s'en foutre des piles tandis que les ennemis prenaient leurs canons.

N° 282.

LA GRANDE JOIE DU PÈRE DUCHESNE

Au sujet des bons décrets que la Convention vient de rendre [1], pour faire ouvrir tous les greniers des accapareurs, par la vertu de la sainte guillotine ambulante et par l'armée révolutionnaire qui va dauber les Muscadins et donner le coup de grâce aux Aristocrates et aux Royalistes.

[1] Décret du 5 septembre 1793, portant établissement d'une armée révolutionnaire de 6,000 hommes et de 1,200 canonniers.

N° 283.

LA GRANDE JOIE DU PÈRE DUCHESNE

De voir le pain reparaître chez les boulangers depuis que le peuple a retrouvé la clef du grenier, en mettant à l'ombre tous les Muscadins, tous les commis de Pitt et de Cobourg, qui se déguisaient le matin en sans-culottes, pour faire rafle des pains de quatre livres, et les jeter dans la rivière, et qui, le soir, bien poudrés et bien pomponnés, allaient insulter à la misère publique, avec leurs culottes étroites et leurs habits carrés, dans les promenades et les spectacles.

N° 284.

LA GRANDE COLÈRE DU PÈRE DUCHESNE

De voir que les sans-culottes de Paris restent les bras croisés, au lieu de marcher promptement en masse pour balayer les frontières de tous les brigands qui les ravagent. Ses bons avis aux jeunes Parisiens pour qu'ils forment promptement leurs bataillons, et qu'ils marchent sans délai vers l'ennemi, en faisant porter leurs sacs aux Muscadins, et les forçant de traîner les équipages. Sa grande joie de voir siffler la linotte à tous les jean-foutres qui voulaient brûler Paris, et faire perdre le goût du pain aux braves Montagnards et aux Jacobins.

N° 285.

LA GRANDE JOIE DU PÈRE DUCHESNE

En apprenant toutes les victoires des braves défenseurs de la République sur les Anglais, les Autrichiens et les Prussiens [1], et de voir qu'avant qu'il soit l'âge d'un petit chien on promènera à Londres au bout d'une pique la tête de l'âne de Hanovre et celle de son porte-esprit Pitt, le *Jokey*. Ses bons avis aux sans-culottes pour qu'ils continuent de lever les cottes des salopes soudoyées par les Anglais pour assiéger les portes des boulangers, et de les étriller comme elles le méritent.

N° 286.

LA GRANDE COLÈRE DU PÈRE DUCHESNE

De voir que les sans-culottes s'amusent à la moutarde, au lieu de donner le coup de grâce aux Royalistes, aux Aristocrates, aux Rolandins, tandis que nos braves guerriers foutent de si bonnes danses aux ennemis du dehors. Ses bons avis à la Convention pour qu'elle fasse promptement mettre la tête à la lunette à l'infâme Brissot; à la louve autrichienne et à toute la clique de

---

[1] Le 9 septembre, 15,000 hommes, commandés par Landri, entrent dans Dunkerque; les Anglais sont battus à Houdscoote, et forcés de lever le siége de Dunkerque.

la Gironde, et surtout qu'elle n'oublie pas le scélérat Bailly. Sa grande motion pour que le maire-grue soit raccourci à l'entrée du Champ-de-Mars, où il a fait massacrer le peuple.

N° 287.

LA GRANDE RONDE DU PÈRE DUCHESNE

Dans les prisons, pour passer en revue tous les Aristocrates, tous les Royalistes, tous les Brissotins qui sifflent la linotte. Sa grande colère de voir que l'on se fout du peuple en allongeant la courroie au sujet du jugement de Brissot, de la veuve Capet, du prêtre Fauchet, de Vergniaud, de Gensonné, du borgne Manuel et de tous les autres scélérats qui voulaient dépecer la République, et en vendre les lambeaux au roi Georges Dandin, au Mandrin de Prusse et au Cartouche de Vienne.

N° 288.

LA GRANDE COLÈRE DU PÈRE DUCHESNE

De voir que des Muscadins déguisés empêchent les femmes des braves sans-culottes de porter la cocarde nationale [1]. Ses bons avis à toutes les luronnes qui ont si bien foutu la danse à tous les Muscadins de Versailles, le 6 octobre, de ne pas se démentir. Sa grande motion pour qu'on enlève, d'un seul coup de filet, tous les Aristocrates et les Royalistes qui brouillent les cartes parmi nous, et qu'on les embarque pour le Mississipi.

N° 289.

LA GRANDE COLÈRE DU PÈRE DUCHESNE

De voir que les accapareurs se foutent des décrets de la Convention, et qu'ils continuent, comme de plus belle, à affamer les sans-culottes, dans tous les départements. Ses bons avis aux braves Montagnards, pour qu'ils s'occupent nuit et jour des subsistances, et qu'ils fassent marcher promptement l'armée révolutionnaire avec la sainte guillotine qui fera miracle et qui mettra à la raison les accapareurs, les traîtres et tous les contre-révolutionnaires.

---

[1] Le 21 septembre, les femmes sont assujetties à porter la cocarde nationale, sous peine de huit jours de détention pour la première fois, et, pour la seconde, d'être tenues pour suspectes, et enfermées jusqu'à la paix.

N° 290.

LA GRANDE COLÈRE DU PÈRE DUCHESNE

Contre le palfrenier Houchard [1] qui, comme son maître Custines, a tourné casaque à la sans-culotterie. Sa grande joie de voir bientôt ce butor mettre la tête à la fenêtre. Ses bons avis aux braves soldats républicains pour qu'ils lui dénoncent tous les jean-foutres qui regrettent l'ancien régime et qui préfèrent de porter la livrée du tyran, plutôt que d'endosser l'habit des hommes libres.

N° 291.

LA GRANDE COLÈRE DU PÈRE DUCHESNE

De voir que les sans-culottes saignent du nez quand il faut frapper à coups redoublés sur les vermines qui s'engraissent du sang du peuple. Ses bons avis à tous les citoyens, et surtout aux habitants des campagnes, pour qu'ils fassent la conduite de Grenoble à tous les ci-devant robins, avocats, greffiers, procureurs, qui sont à la tête des départements, et qui s'entendent comme des larrons en foire avec les accapareurs pour affamer le peuple.

---

[1] Le général Houchard, qui fut exécuté le 26 brumaire an II (16 novembre 1793).

N° 292.

LA GRANDE JOIE DU PÈRE DUCHESNE

De voir que la Convention donne le coup de grâce aux accapareurs, aux affameurs du peuple [1], aux Muscadins et Muscadines. Sa grande colère de ce que les grands intrigants et les gros fripons sont épargnés. Ses bons avis aux braves Montagnards pour qu'ils fassent déclarer suspects tous les jean-foutres qui étaient les amis de Brissot, et qui taupaient dans le fédéralisme avant le 31 mai.

N° 293.

LA GRANDE COLÈRE DU PÈRE DUCHESNE

En apprenant un nouveau complot pour forcer les prisons, afin de sauver la louve autrichienne et l'infâme Brissot. Ses bons avis aux braves sans-culottes, pour qu'ils se tiennent sur leurs gardes, et qu'ils continuent de donner la chasse aux Muscadins et Muscadines. Sa grande joie de voir partir l'armée révolutionnaire pour aller mettre à la raison les gros fermiers qui enterrent leurs grains, ainsi que les vignerons qui ont vendu d'avance leur vendange à Pitt et Cobourg, afin de nous faire périr de faim et de soif.

[1] 6 vendémiaire an II (27 septembre 1793), fixation du maximum du prix des denrées.

N° 294.

LA GRANDE JOIE DU PÈRE DUCHESNE

De voir l'infâme Brissot et la clique de la Gironde devant le tribunal révolutionnaire [1]. Ses remercîments aux braves bougres qui composent maintenant le Comité de sûreté générale de la Convention, qui ne se sont pas amusés à *chaboter* les Muscadins, et qui ont enfin trouvé le moyen de démêler la fusée, et de faire voyager cette bande de malédiction dans la charrette de Samson.

N° 295.

LA GRANDE JOIE DU PÈRE DUCHESNE

En apprenant que le sapajou Gorsas [2], grand porte-coton de Louis XVII, est venu se brûler à la chandelle, et qu'il a été arrêté au Palais-Royal, en venant chercher ses chemises chez sa blanchisseuse. Sa grande colère de voir qu'il existe encore bien des jean-foutres qui veulent remplacer les Brissotins. Ses bons avis à la Convention pour qu'elle empêche les commissaires qu'elle envoie dans les armées, de brûler la chandelle par les deux bouts, en menant un train de princes, et en godaillant comme des chanoines.

---

[1] 12 vendémiaire an II (3 octobre 1793), décret d'accusation contre Brissot et cinquante-deux autres députés.
[2] Le 17 vendemiaire an II (7 octobre 1793), le tribunal criminel extraordinaire ordonne que le député Gorsas, comme étant mis hors la loi, sera exécuté dans le jour, sur la place de la Révolution.

N° 296.

LA GRANDE COLÈRE DU PÈRE DUCHESNE

De voir que l'on cherche midi à quatorze heures pour juger la tigresse d'Autriche, et que l'on demande des pièces pour la condamner, tandis que, si on lui rendait justice, elle devrait être hachée comme chair à pâté pour tout le sang qu'elle a fait répandre. Ses bons avis aux sans-culottes pour qu'ils soient unis comme frères, attendu que les Aristocrates, les Royalistes, les prêtres, les gros marchands, les riches fermiers et les accapareurs se tiennent tous par la main pour nous manigancer un nouveau coup de chien.

N° 297.

LA GRANDE COLÈRE DU PÈRE DUCHESNE

Contre les infâmes soldats du roi Georges Dandin, qui, après avoir pris Toulon par trahison, ont fait pendre les représentants du peuple, pillé les maisons, égorgé les femmes et les enfants. Ses bons avis aux braves sans-culottes, pour qu'ils soient amis comme des chiens enragés que Pitt a lâchés pour ravager la France et nous réduire à l'esclavage.

N° 298.

LA GRANDE JOIE DU PÈRE DUCHESNE

Au sujet du raccourcissement de la louve autrichienne, convaincue d'avoir ruiné la France, et d'avoir voulu faire égorger le peuple, pour le remercier de tout le bien qu'il lui avait fait. Ses bons avis aux braves sans-culottes, d'être sur pied pour donner la chasse aux Muscadins déguisés et aux fausses poissardes qui se disposent à crier grâce, quand la guenon paraîtra dans le vis-à-vis de maître Samson.

N° 299.

LA PLUS GRANDE DE TOUTES LES JOIES DU PÈRE DUCHESNE

Après avoir vu, de ses propres yeux, la tête du Véto femelle séparée de son foutu col de grue [1]. Grand détail sur l'interrogatoire et le jugement de la louve autrichienne, et sa grande colère contre les deux avocats du diable qui ont osé plaider la cause de cette guenon.

[1] La reine Marie-Antoinette fut exécutée le 25 vendémiaire an II (16 octobre 1793), sur la place de la Révolution.

N° 300.

LA GRANDE COLÈRE DU PÈRE DUCHESNE

Contre les marchands, les fermiers, les accapareurs, qui se foutent des décrets de la Convention, et qui continuent, comme de plus belle, de manigancer la contre-révolution. Sa grande motion pour que l'armée révolutionnaire se mette promptement en marche, pour en abattre comme des quilles.

N° 301.

LA GRANDE JOIE DU PÈRE DUCHESNE

De voir que les sans-culottes des départements donnent le dernier branle aux calotins, et de ce que tous les magots d'or et d'argent, que nos vieilles grand'mères appelaient des saints, sont enfin dénichés, et arrivent par charretées à la Monnaie, pour être convertis en écus, qui serviront à payer les frais de la guerre, et à nous délivrer de la peste des rois et des prêtres.

N° 302.

LA GRANDE COLÈRE DU PÈRE DUCHESNE

En apprenant de nouvelles trahisons dans les armées. Ses bons avis au général Jourdan, pour qu'il continue de foutre le bal aux despotes et à leurs esclaves, et pour l'empêcher de nous tourner casaque, comme l'infâme Dumouriez et le traître Custines. Sa grande motion pour demander à la Convention de faire jouer la sainte guillotine pour exterminer les voleurs, les traîtres et les accapareurs.

N° 303.

LA GRANDE JOIE DU PÈRE DUCHESNE

De voir que les avocats de la veuve Capet, qui ont accaparé le savon pour blanchir Cartouche-Brissot et les Mandrins de la Gironde, perdront leur lessive. Ses bons avis au fonctionnaire Samson, pour qu'il graisse promptement ses poulies, afin de faire faire la bascule à ces scélérats que 500 millions de diables ont vomis sur la France, pour perdre la république et anéantir la liberté.

N° 304.

LA GRANDE COLÈRE DU PÈRE DUCHESNE

De voir que les Feuillants, les Royalistes, les accapareurs se cotisent pour sauver l'infâme Brissot et la clique de la Gironde, en enlevant encore le pain chez les boulangers pour le jetter dans les égouts. Ses bons avis au tribunal révolutionnaire pour qu'il ne s'amuse pas plus longtemps à la moutarde, et qu'il fasse jouer bien vite à la main chaude ces scélérats qui sont déjà jugés par le peuple.

N° 305.

LA GRANDE JOIE DU PÈRE DUCHESNE

Après avoir vu défiler la procession des Brissotins, des Girondins et des Rolandins, pour aller jouer à la main chaude à la place de la Révolution [1]. Le testament de Cartouche-Brissot, et la confession du prêtre Fauchet qui a fait le caffard jusqu'à la fin, pour faire pleurer les vieilles dévotes, mais qui, dans le fond du cœur, se foutait autant du Père Éternel que du grand diable Belzébuth.

N° 306.

LA GRANDE JOIE DU PÈRE DUCHESNE

De voir que la Convention fait la pluie et le beau temps depuis qu'elle a écrasé les serpents et les crapauds du marais. Ses bons avis aux braves Montagnards, pour les engager à donner le coup de grâce à tous nos ennemis de l'intérieur, en faisant raser tous les nids

---

[1] Le 10 brumaire an II (31 octobre 1793), vingt et un députés sont condamnés à mort, dont vingt sont exécutés sur la place de la Révolution : Brissot, Gensonné, Vergniaud, Lasource, Lehardy, Boyer-Fonfrède, Gardien, Boileau, Vigé, Sillery, Ducos, Duchatel, Carra, Minville, Duprat, Lacaze, Antiboul, Beauvais et Duperret. Valazé s'était tué avant l'exécution.

d'Aristocrates de Lyon [1] et à ne pas donner de relâche aux brigands couronnés, jusqu'à ce qu'ils aient payé les frais de la guerre.

N° 307.

LA GRANDE COLÈRE DU PÈRE DUCHESNE

En donnant le coup de grâce aux calotins, et en faisant connaître aux sots qu'ils embêtaient, tous leurs tours de passe-passe et leurs prétendus miracles. Sa grande joie de voir les braves sans-culottes des villes et des campagnes dénicher tous les magots et magotes des églises, pour mettre à la place la statue de la Liberté.

N° 308.

LA GRANDE JOIE DU PÈRE DUCHESNE

Au sujet du raccourcissement de Capet-Bordel, ci-devant duc d'Orléans [2]. Ses bons avis au tribunal révolution-

---

[1] Le 12 octobre 1793 (21 vendémiaire an II), la Convention avait décrété que la ville de Lyon serait détruite, et son nom effacé du tableau des villes de la république; que la réunion des maisons réservées porterait le nom de *Ville-Affranchie*, et qu'il serait élevé, sur les ruines des autres, une colonne portant cette inscription :

LYON FIT LA GUERRE A LA LIBERTÉ;
LYON N'EST PLUS :
LE 18ᵉ JOUR DU 1ᵉʳ MOIS,
L'AN II DE LA RÉPUBLIQUE FRANÇAISE
UNE ET INDIVISIBLE.

[2] L'exécution du duc d'Orléans, dit Égalité, eut lieu le 6 novembre 1793 (16 brumaire an II). Il était né le 13 avril 1747.

naire, pour qu'il batte le fer pendant qu'il est chaud, et qu'il fasse promptement passer sous le rasoir national le traître Bailly, l'infâme Barnave et tous les tripotiers de l'Assemblée constituante qui ont vendu au plus offrant le peuple à la tyrannie.

N° 309.

LA GRANDE JOIE DU PÈRE DUCHESNE

De voir que les cagots sont obligés de se cacher dans leurs caves pour y dire leurs patenôtres et leurs *oremus*, et mangent du fromage de ce que les Français ne veulent plus avoir d'autre Dieu que la Liberté. Leurs prières et leurs lamentations en accusant leur bon Dieu de devenir sans-culotte, attendu qu'il ne lance pas sa foudre pour exterminer ceux qui ne croient pas à leurs contes de bonne femme.

N° 310.

LA GRANDE COLÈRE DU PÈRE DUCHESNE

De voir que toutes les bigottes font feu des quatre pieds pour conserver leurs vieilles reliques. Ses bons avis aux sans-culottes, pour qu'ils aillent s'instruire à la comédie qui vaut mieux que les sermons des capucins. Sa grande revue des spectacles pour dauber ceux qui gouaillent la sans-culotterie, et pour soutenir les braves bougres qui jouent des pièces républicaines.

N° 311.

LA GRANDE COLÈRE DU PÈRE DUCHESNE

Contre tous les jean-foutres qui pêchent en eau trouble, et qui s'enrichissent aux dépens de la république. Ses bons avis à la Convention, pour qu'elle mette au pas les fournisseurs des armées, qui pillent le soldat, et qui s'entendent tous, comme larrons en foire, pour dégoûter les défenseurs de la patrie, en les faisant mourir de froid et de faim.

N° 312.

LA GRANDE COLÈRE DU PÈRE DUCHESNE

Contre les trois jean-foutres [1] qui ont déserté la Montagne pour aller barbotter avec les crapauds du marais, afin de sauver le reste de la bande Cartouche-Brissot. Ses bons avis aux braves sans-culottes et aux Jacobins de se tenir sur leurs gardes, et de ne pas s'endormir jusqu'à ce que la grosse Babet ait été raccourcie, ainsi que toutes les coquines qui ont voulu allumer la guerre civile entre Paris et les départements.

N° 313.

LA GRANDE COLÈRE DU PÈRE DUCHESNE

Contre le frocard Chabot, qui veut mesurer tous les sans-culottes à son aune, et qui fait courir le bruit par les

---

[1] Il cite Thuriot, Bazin et Chabot.

Autrichiens qui lui graissaient la patte, que les meilleurs Jacobins vont siffler la linotte avec lui, et que le marchand de fourneaux sera bientôt mis à l'ombre, comme s'il existait encore un comité des Douze. Sa grande joie de voir que la mine est éventée, et que tous les fripons qui ont volé et pillé le peuple, vont avoir les ongles rognés.

N° 314.

LA GRANDE COLÈRE DU PÈRE DUCHESNE

De voir que les sans-culottes donnent comme des buses dans tous les paquets qu'on leur débite. Sa grande découverte d'un nouveau complot des Chabotins, pour mettre les Jacobins à chien et à chat, et brouiller la carte à la Montagne et dans toute la république. Entretien secret du roi Georges-Dandin et de Pitt, son porte-esprit, qui prouve que des milliers de jean-foutres ont la patte graissée pour assassiner les meilleurs patriotes.

N° 315.

LA GRANDE COLÈRE DU PÈRE DUCHESNE

De voir que tous les estaffiers de Lafayette ont forcé Marat de vivre pendant quatre ans avec les chauves-souris, et tous les Muscadins et Muscadines, qui, comme Charlotte Corday auraient voulu assassiner l'ami du peuple en son vivant, osent le fêter après sa mort [1]. Ses bons avis aux braves sans-culottes, pour qu'ils se défient des patriotes de deux jours, qui manigancent de nouveaux coups de chien contre la république.

N° 316.

LA GRANDE COLÈRE DU PÈRE DUCHESNE

Au sujet d'un nouveau complot des ci-devant financiers et des marchands d'argent, pour s'emparer du numéraire et faire tomber les assignats. Ses bons avis aux braves sans-culottes, pour qu'ils se tiennent sur leurs gardes, attendu qu'ils sont environnés de fripons qui leur tendent des piéges, et qui manigancent la contre-révolution.

N° 317.

LA GRANDE COLÈRE DU PÈRE DUCHESNE

Au sujet de tous les coups de chien que les Aristocrates manigancent contre les meilleurs patriotes, en les menaçant de la contre-révolution et de les faire assassi-

---

[1] A la fête dite de la Raison, qui fut célébrée le 20 brumaire an II (10 novembre 1793) dans l'église de Notre-Dame. La Convention en masse s'y rendit le soir pour y chanter avec le peuple l'hymne à la Raison, après avoir décrété que cette église porterait désormais le nom de *Temple de la Raison*.

ner. Ses bons-avis aux braves sans-culottes pour qu'ils soient toujours sur le *qui-vive,* en tenant tous les fripons et les contre-révolutionnaires en joue, et en restant fidèles à la Convention et à la sainte Montagne.

N° 318.

LA GRANDE COLÈRE DU PÈRE DUCHESNE

De voir que les gros poissons veulent toujours manger les petits, que chacun plaide pour son saint, et que les trois quarts et demi des animaux à deux pieds ne songent qu'à leur intérêt, et oublient celui de la patrie. Ses bons avis aux braves républicains pour qu'ils foutent de côté tous les ambitieux et les riches, et qu'ils soutiennent de toutes leurs forces les bons sans-culottes.

N° 319.

LA GRANDE COLÈRE DU PÈRE DUCHESNE

De voir que des jean-foutres, qui ne sont ni chair ni poisson, osent accuser les meilleurs patriotes. Sa grande joie de voir que ces gredins se brûlent à la chandelle, et que toutes leurs manigances contre la république vont se découvrir. Ses bons avis aux braves sans-culottes, pour qu'ils défendent les bougres intrépides qui les ont soutenus et qui les soutiendront jusqu'à la mort.

N° 320.

LA GRANDE COLÈRE DU PÈRE DUCHESNE

De voir que des jean-foutres qui n'ont ni bouche ni éperon, saignent du nez pendant le combat, et nous proposent de quitter le champ de bataille pendant la mêlée au moment de la victoire. Ses bons avis aux braves Montagnards, pour qu'ils n'abandonnent pas la barque jusqu'à ce qu'elle soit arrivée à bon port, et jusqu'à ce qu'ils aient délivré la république de tous les traîtres qui mettent des bâtons dans les roues.

N° 321.

LA GRANDE JOIE DU PÈRE DUCHESNE

En apprenant toutes les belles actions de nos braves bougres qui combattent pour la république et qui la sauveront malgré les fripons et les traîtres et tous les brigands couronnés, qui prendront plutôt la lune avec les dents que de nous faire la loi.

N° 322.

GRANDE DÉCOUVERTE DU PÈRE DUCHESNE

De tous les complots de l'infâme Pitt, premier porte-esprit du roi George-Dandin, pour faire la contre-révolution en redoublant la foule à la porte des boulangers, en enlevant le beurre, les œufs et toutes les subsistances dans les campagnes, et surtout en mettant les meilleurs patriotes à chien et à chat, pour les détruire en détail.

N° 323.

LA GRANDE JOIE DU PÈRE DUCHESNE

Au sujet de la grande victoire remportée par les soldats de la Liberté dans la ville du Mans, sur les brigands de la Vendée, qui ont été taillés en pièces, et qui ont perdu leurs trésors, leur artillerie, leurs saints et leurs reliques. Sa grande ribotte avec tous ses compères et commères, en réjouissance de cette bonne nouvelle, qui donne le coup de grâce aux Aristocrates, aux calotins et à tous les conspirateurs.

N° 324.

LA GRANDE COLÈRE DU PÈRE DUCHESNE

De voir les Aristocrates se sans-culotiser pour mieux nous foutre dedans, et pour perdre les véritables patriotes. Ses bons avis à tous les citoyens pour qu'ils se tiennent sur leurs gardes afin d'arracher le masque à tous les fripons, et pour qu'ils environnent la Convention et la défendent jusqu'à la mort contre les intrigants et les traîtres qui cherchent à la diviser.

N° 325.

LA GRANDE COLÈRE DU PÈRE DUCHESNE

De voir que les sans-culottes se laissent foutre dedans par des Aristocrates à bonnet rouge, qui les mettent à chien et à chat. Sa grande joie d'avoir vu Marat en songe, et qui lui a dévoilé toutes les manigances des étrangers, des Aristocrates, des complices de Brissot et des prêtres pour brouiller les cartes, pour détruire les patriotes les uns par les autres.

N° 326.

LA GRANDE JOIE DU PÈRE DUCHESNE

De voir que tricherie revient à son maître, que les fripons et les intrigants qui ont été pris les mains dans le sac, et qui voulaient jetter le chat aux jambes des patriotes, sont démasqués. Ses bons avis à la Convention, pour qu'elle fasse danser la carmagnole aux intrigants et aux traîtres qui veulent la foutre dedans, diviser la Montagne, armer les patriotes contre les patriotes et ramener sur l'eau tous les crapauds du marais.

N° 327.

LA GRANDE JOIE DU PÈRE DUCHESNE

Au sujet de la prise de Toulon [1], et de voir dans l'embarras l'infâme conseiller du roi Georges-Dandin, qui

---

[1] Reprise de Toulon sur les Anglais, en douze heures, le 29 frimaire an II, (19 décembre 1793).

va bientôt jouer à la main chaude comme son confrère Capet. Ses bons avis aux patriotes anglais, pour qu'ils se vengent de l'échappé des petites maisons qui les gouverne, et de son infâme ministre qui les a ruinés pour mettre la France à feu et à sang.

N° 328.

LA GRANDE JOIE DU PÈRE DUCHESNE

En apprenant la destruction totale des rebelles de la Vendée [1], et en songeant au désespoir des brigands couronnés, quand ils vont apprendre cette nouvelle. Sa grande colère contre certains jean-foutres qui veulent recruter tous les brigands et former une nouvelle Vendée en proposant d'ouvrir les prisons et de faire grâce aux conspirateurs. Ses bons avis aux braves Montagnards pour les empêcher de donner dans un pareil panneau, et pour les engager à continuer d'exterminer les fripons et les traîtres.

N° 329.

LA GRANDE JOIE DU PÈRE DUCHESNE

Après avoir vu la fête qui a été célébrée en réjouissance de la prise de Toulon [2], et en apprenant que l'armée

---

[1] Le 6 nivôse an II (26 décembre 1793).

[2] Cette fête eut lieu au Champ-de-Mars, le 10 nivôse an II (30 Décembre 1793).

du Rhin[1] a fait danser la carmagnole aux esclaves des despotes, et s'est emparée de leur artillerie, après les avoir foutus en déroute.

N° 330.

LA GRANDE COLÈRE DU PÈRE DUCHESNE

De voir une nouvelle clique de modérés, de Feuillants, d'Aristocrates, nommés PHÉLIPOTINS, soudoyés par l'Angleterre, pour remplacer les Brissotins et brouiller les cartes à la Convention, en dénonçant les meilleurs patriotes pour faire revenir sur l'eau tous les brigands qui sont à l'ombre et chasser tous les généraux sans-culottes, afin de mettre à leur place tous les talons rouges et les blancs-becs de l'ancien régime.

N° 331 [2].

LA GRANDE COLÈRE DU PÈRE DUCHESNE

Contre certains brigands qui veulent crever les yeux des sans-culottes pour les empêcher de voir leurs brigandages, et leur couper bras et jambes pour mieux manigancer la contre-révolution, en donnant la clef des champs aux Aristocrates qui sifflent la linotte, en proposant une amnistie pour tous les traîtres. Son grand

---

[1] Prise de Wissembourg, le 7 nivôse an II (27 décembre 1793).
[2] Il y a des exemplaires qui sont numérotés 321. — Texte identique.

serment de braver la vengeance et les poignards de ces scélérats, et de continuer de démasquer tous les ennemis de la liberté.

N° 332.

LA GRANDE COLÈRE DU PÈRE DUCHESNE

De voir toutes les manigances des Phélippotins contre les meilleurs citoyens, et surtout contre les généraux sans-culottes à qui l'on veut donner de la pelle au cul, pour les remplacer par des talons rouges, afin de vendre encore des batailles à milord Pitt; et de lui livrer nos villes de guerre.

N° 333.

LA GRANDE COLÈRE DU PÈRE DUCHESNE

De voir que les fripons, les intrigants, les Modérés, les Royalistes et les Aristocrates osent lever la crête et accuser les meilleurs patriotes de tous les coups de chien qu'ils manigancent contre la liberté. Ses bons avis aux braves sans-culottes, pour qu'ils montrent les dents aux jean-foutres qui veulent diviser la Convention, et qui tripotent sous main un nouveau projet de contre-révolution.

N° 334[1].

LA GRANDE JOIE DU PÈRE DUCHESNE

De voir que l'infâme clique soudoyée par milord Pitt, pour brouiller les cartes et mettre les patriotes à chien et à chat, est enfin dénichée, et que les chefs de la conspiration sont maintenant sur le pot. Ses bons avis aux braves sans-culottes, pour les engager à être unis et à rester sur pied jusqu'à ce que les fripons et les conspirateurs aient tous craché dans le sac.

N° 335.

LA GRANDE COLÈRE DU PÈRE DUCHESNE

Au sujet de tous les complots des intrigants et des fripons, qui ont la patte graissée par milord Pitt pour dissoudre la Convention et allumer la guerre civile. Ses bons avis à tous les francs républicains, en leur dévoilant tous les coups de chien, et en leur faisant connaître tous les jean-foutres qui les trompent à la journée, et qui, comme de plus belle, manigancent sous main la contre-révolution.

N° 336.

LA GRANDE COLÈRE DU PÈRE DUCHESNE

Au sujet de tous les coups de chien que les limiers de l'Angleterre manigancent contre les patriotes. Son

---

[1] Ce numéro a été réimprimé in-4°. Voir la note page 41.

grand déguisement pour découvrir tous les trous où se cache le restant des hiboux de l'Aristocratie, et pour leur donner une bonne fois la chasse.

N° 337.

LA GRANDE COLÈRE DU PÈRE DUCHESNE

De voir que les brigands couronnés qui ne savent de quel bois faire flèche, graissent la patte à des endormeurs pour demander la paix, pour allumer la guerre civile à l'intérieur, en proposant de donner la clef des champs à tous les corbeaux de l'Aristocratie, qui sifflent la linotte. Ses bons avis à la Convention pour qu'elle n'abandonne pas la barque avant de l'avoir conduite au port.

N° 338.

LA GRANDE JOIE DU PÈRE DUCHESNE

De voir que le tocsin de la liberté va se faire entendre chez toutes les nations, et que la dernière heure des brigands couronnés est prête à sonner. Ses bons avis à tous les républicains pour qu'ils continuent de foutre la chasse aux esclaves des despotes, jusqu'à ce que tous ces mangeurs d'hommes soient dégringolés de leurs trônes.

N° 339.

LA GRANDE JOIE DU PÈRE DUCHESNE

De voir que les bons sans-culottes continuent de prendre cœur à l'ouvrage, et qu'ils sont toujours disposés à exterminer les ennemis du dedans et du dehors. Ses bons avis aux braves Montagnards, pour qu'ils laissent japper tous les roquets de l'Aristocratie qui osent se plaindre de l'arrestation des hommes suspects. Sa grande motion pour que la bougre de sequelle qui siffle la linotte soit promptement embarquée pour la Cayenne.

N° 340.

LA GRANDE JOIE DU PÈRE DUCHESNE

De voir que le roi Georges-Dandin ne sait plus à quelle branche se raccrocher, et que sous peu de jours cet échappé des petites maisons et milord Pitt vont danser la carmagnole. Ses bons avis aux Écossais et aux Irlandais pour les engager à commencer la danse à l'aide des sans-culottes français qui se préparent à s'embarquer et à faire une descente sur leurs côtes, pour leur donner un bon coup d'épaule.

N° 341.

LA GRANDE COLÈRE DU PÈRE DUCHESNE

Contre les marchands qui se foutent du *maximum*, et qui accaparent, comme de plus belle, toutes les denrées; contre les épiciers qui volent à la journée les pauvres sans-culottes; contre les marchands de vin qui les empoisonnent plus que jamais avec leur bougre de mélange; contre les bouchers qui n'ont plus que de la réjouissance pour les petites pratiques; contre les cordonniers qui n'ont plus de cuir pour chausser les sans-culottes, mais qui ne manquent pas de carton pour fabriquer les souliers de nos braves défenseurs. Sa grande joie de voir que petit à petit la vertu de sainte guillotine nous délivrera de tous ces mangeurs de chair humaine.

N° 342.

LA GRANDE JOIE DU PÈRE DUCHESNE

Au sujet du décret [1] de la Convention, qui donne la clef des champs aux deux braves sans-culottes Ronsin et Vincent. Ses bons avis à tous les républicains, pour qu'ils se tiennent sur leurs gardes, attendu qu'il existe un nouveau complot des Royalistes et des Brissotins pour perdre tous les bougres à poil qui ont fait la révolution du 31 mai, et qui ont sauvé la Montagne et la république.

N° 343.

LA GRANDE COLÈRE DU PÈRE DUCHESNE

En passant en revue tous les brigands couronnés et les esclaves qui nous font la guerre. Sa grande joie de voir

[1] Du 14 pluviôse an II (2 février 1794).

arriver au printemps la grande débâcle qui fera tomber tous les trônes comme des quilles. Ses bons avis à tous les peuples pour qu'ils fassent danser la carmagnole à tous les rois, à tous les empereurs, et qu'ils mettent avec nous leur tête dans un bonnet, afin d'étouffer tous ces mangeurs d'hommes et cette poignée de bêtes féroces qui s'engraissent du sang des sans-culottes.

N° 344.

LA GRANDE JOIE DU PÈRE DUCHESNE

De voir tous les ouvriers républicains forger des armes pour exterminer les tyrans, et les Parisiens fabriquer à force le salpêtre qui va foudroyer tous les trônes des despotes. Ses bons avis à tous les sans-culottes, pour qu'ils continuent de prendre cœur à l'ouvrage, en leur annonçant qu'avant qu'il soit l'âge d'un petit chien, le drapeau de la Liberté flottera sur les murs de Condé et de Valenciennes.

N° 345.

LA GRANDE COLÈRE DU PÈRE DUCHESNE

De voir que les marchands et les accapareurs se foutent du *maximum*. Sa grande motion pour que les bouchers qui traitent les sans-culottes comme leurs chiens, et qui ne leur donnent que des os à ronger, jouent à la main-chaude comme tous les ennemis de la Sans-Culotterie, ainsi que les marchands de vin qui font vendange sous le Pont-Neuf, et qui empoisonnent avec leur ripopée les joyeux républicains.

N° 346.

LA GRANDE COLÈRE DU PÈRE DUCHESNE

Au sujet de tous les nouveaux coups de chien que les Aristocrates manigancent, pour rebuter les sans-culottes, et leur faire jetter le manche après la coignée, en les alarmant sur les subsistances. Son grand projet pour rogner les ongles des gros fermiers, des bouchers et de tous les affameurs du peuple, et pour procurer l'abondance aux armées, en réduisant la pitance des riches fainéants et de tous les Muscadins et Muscadines qui sifflent la linotte.

N° 347.

LA GRANDE JOIE DU PÈRE DUCHESNE

Au sujet de la fête que les sans-culottes ont célébrée dans le temple de la Raison, en réjouissance de l'abolition de l'esclavage des nègres [1]. Ses bons avis à tous les Républicains, pour qu'ils continuent de ne reconnaître

---

[1] L'abolition de l'esclavage fut décrétée le 15 pluviôse an II (3 février 1794). La fête eut lieu le 30 pluviôse. (18 février).

d'autre culte que celui de la Liberté et de l'Égalité, en dépit des cagots, des calotins et des intrigants qui cherchent à se raccrocher aux branches, pour tromper le peuple et l'égarer.

N° 348.

LA GRANDE COLÈRE DU PÈRE DUCHESNE

En apprenant une nouvelle conspiration des Philippotins, pour armer tous les ci-devant procureurs, avocats, huissiers et clercs du haut et bas Maine, contre les Jacobins et la Montagne. Grand serment prêté par ces Cartouches de ne pas souffrir qu'un seul chapon du pays de la chicane, entre dans le garde-manger des sans-culottes parisiens, jusqu'à ce que le brevet des petites-maisons, qui a été délivré à Philippotin, ait été changé contre un certificat de raison et de probité.

N° 349.

LA GRANDE COLÈRE DU PÈRE DUCHESNE

De voir que l'instruction publique ne va que d'une aile, et qu'il existe des accapareurs d'esprit qui ne veulent pas que le peuple soit instruit, afin que les gueux continuent de porter la besace. Ses bons avis à toutes les sociétés populaires, pour qu'elles donnent le grand coup de collier à l'instruction des sans-culottes, afin d'écraser une bonne fois le fanatisme et la tyrannie.

N° 350.

LA GRANDE JOIE DU PÈRE DUCHESNE

Au sujet du fameux décret qui confisque les châteaux, les palais et tous les biens des jean-foutres qui sifflent la linotte, et de voir que les viédases qui avaient la patte graissée pour demander l'ouverture des prisons, ont enfin un pied de nez. Ses bons avis pour qu'on foute à fond de cale tous ces aboyeurs et ces journalistes de Coblentz, et qu'on les envoie avec toute la pacotille du diable qui va partir pour le Mississipi.

N° 351.

LA GRANDE COLÈRE DU PÈRE DUCHESNE

De voir tous les coups de chien que les Aristocrates manigancent pour tourmenter les sans-culottes au sujet des subsistances. Sa grande dispute à la Courtille avec des calotins et des émigrés déguisés, qui lui sont tombés sous la main, et qu'il a étrillés solidement.

N° 352.

LA GRANDE JOIE DU PÈRE DUCHESNE

En apprenant la générosité des braves défenseurs de la patrie qui, non contents de verser leur sang pour la

République, sacrifient encore leurs subsistances et renoncent à leur ration de viande. Sa grande colère contre les jean-foutres qui n'ont d'autre Dieu que leur ventre, et qui, au lieu d'imiter un si bel exemple, emploient le vert et le sec pour nous réduire par la famine.

N° 353.

LA GRANDE COLÈRE DU PÈRE DUCHESNE

Au sujet d'une nouvelle conspiration des Aristocrates déguisés et des faux patriotes, pour dégoûter les bons sans-culottes de la Révolution, à force de les persécuter. Sa grande joie de ce que le tribunal révolutionnaire continue d'être au pas, et qu'il est aussi empressé à venger les innocents que de punir les traîtres et les conspirateurs.

N° 354.

LA GRANDE JOIE DU PÈRE DUCHESNE

De voir que les jean-foutres qui voulaient mettre les Jacobins et les Cordeliers à chien et à chat, ont tiré des coups d'épée dans l'eau. Sa grande colère contre ces mêmes bougres qui osent le mesurer à leur aune et qui l'accusent d'être un accapareur [1].

---

[1] Ce fut un des motifs de son acte d'accusation.

N° 355[1].

LA GRANDE COLÈRE DU PÈRE DUCHESNE

Contre les modérés qui emploient le vert et le sec pour s'opposer à l'exécution des décrets révolutionnaires et pour sauver les Aristocrates et les conspirateurs. Ses bons avis à tous les francs Républicains pour qu'ils mettent tous leur tête dans un bonnet pour faire exécuter la loi du *maximum* et celle qui confisque les biens des hommes suspects.

[1] Ce numéro est le dernier, Hébert ayant été arrêté le 23 ventôse an II (13 mars 1794).

Numéros qui sont le commencement d'un nouveau *Père Duchesne*, en concurrence avec celui d'Hébert, avec la même vignette et des fourneaux.

Nous plaçons en tête la feuille qui suit; quoique non numérotée, elle nous paraît être la première de cette collection.

AUX ARMES! AUX ARMES! CITOYENS.
GRANDE APPARITION DU PÈRE ÉTERNEL
AU PÈRE DUCHESNE,

Qui lui dévoile un grand complot tramé dans la capitale : Projet d'égorger tous les patriotes, trente-trois mille scélérats enregistrés comme surnuméraires de la garde du roi. Complot infernal de livrer à l'ennemi plusieurs villes frontières. Grande trahison d'un général, de Narbonne, de Duportail, etc., etc., etc.

Non signée : Deux petits fourneaux semblables à ceux des numéros 138, 139, 140 du journal d'Hébert. De l'imprimerie de la Veuve Errard, rue Pavée-Saint-Sauveur, ancienne caserne des grenadiers de la 4ᵉ division n° 3.

N° 2.

GRANDE VICTOIRE DU PÈRE DUCHESNE.

Sa découverte d'un complot pour faire prendre la ville de Metz aux Autrichiens, sa grande querelle avec le cardinal Maury, à qui il a cassé la tête avec un fourneau.

Non signé : Mêmes fourneaux et même imprimerie qu'au précédent numéro.

N° 3.

LA GRANDE COLÈRE DU PÈRE DUCHESNE

Contre une partie de l'Assemblée nationale qui a fait faire de la bouillie pour les chats à l'autre. Sa grande dénonciation contre le premier personnage du Comité autrichien [1]. Ses reproches à Brissot qui n'a pas dit la vérité tout entière. Sa nomination à la place d'accusateur public, au lieu de Duport, sur la gueule duquel il a cassé sa pipe de colère.

Non signé : Mêmes fourneaux et même imprimerie.

N° 4.

GRANDE JOIE DU PÈRE DUCHESNE

Sur le décret qui fout hors du royaume à grands coups de pieds au cul tous les calotins réfractaires qui trou-

---

[1] L'existence d'un comité autrichien fut dénoncée à l'Assemblée le 23 mai 1792.

bleront les citoyens [1]. Sa grande motion pour leur défendre l'entrée de la boîte aux sottises. Son grand repas où il invite la députation de la Gironde et la municipalité de Marseille, quoi qu'en disent tous les frerons et tous les pouvoirs exécutifs du monde. Sa première accusation contre les épauletiers, les courtisans, les feuillants et les autres contre-révolutionnaires de Paris, qui foutent tous les jours un coup de canif dans la Constitution. Découverte d'un nouveau complot pour faire renchérir le pain en payant les garçons boulangers pour ne rien faire.

Non signé : Mêmes fourneaux et même imprimerie.

N° 5.

GRANDE COLÈRE DU PÈRE DUCHESNE

De voir que pour rappeler le courage des patriotes et les réveiller, il faut foutre le feu aux barils de poudre, et d'apprendre l'affreux complot qui a eu lieu à la halle aux draps. Son désir de foutre un pet-en-gueule aux sacrés gredins qui ont exécuté cette abominable machination. Sa grande dénonciation contre les agents du pouvoir exécutif et les Aristocrates de l'Assemblée.

Comme au n° 4.

[1] Ce décret est du 26 mai 1792.

N° 6.

GRANDE VICTOIRE DU PÈRE DUCHESNE

Sur tous les écornifleurs de la liste civile. Sa grande joie de voir tant de foutus coquins rentrer dans la fange lorsque le peuple est debout, lorsque le tonnerre de l'Assemblée nationale gronde un instant. Sa démission de la place d'accusateur public, et sa lettre au roi des Français.

Comme au n° précédent.

N° 7.

GRANDE RIBOTTE DU PÈRE DUCHESNE

Avec un brave bougre de sapeur; sa grande récompense qu'il promet aux vainqueurs des Autrichiens. Sa députation à l'Assemblée nationale avec le corps des canonniers pour faire trembler les Aristocrates et les rendre plats comme punaise. Et grande colère contre les patriotes refroidis de sa grande surprise d'entendre prononcer un discours par un bon ministre. Son désir que jamais les Aristocrates ne lui foutent le plomb du numéraire sur le cœur.

Non signé : fourneaux semblables à ceux des premiers numéros du journal d'Hébert; même imprimerie qu'au précédent.

N° 8.

GRANDE COLÈRE DU PÈRE DUCHESNE

Contre les dénonciations des foutues bêtes qui demandent des décrets d'accusation contre lui. Le portrait qu'il fait du méprisable comité autrichien et des Aristocrates qui le servent. Sa colère contre ceux qui ont fait rendre le décret qui blanchit Duport du Tertre [1]. Sa nomination à la place d'amiral de France. Ses grands préparatifs pour faire la guerre à tous les écumeurs de mer. Son grand serment de les couler tous à fond, foutre !

Signé Tremblay : fourneaux pareils à ceux du n° 6. — Même imprimerie.

N° 9.

GRAND JUGEMENT DU PÈRE DUCHESNE,

Qui juge et condamne deux sacrés mâtins d'altesses royales, chefs des rebelles émigrés, à être guillotinés en effigie, aujourd'hui en place de Grève, après leur avoir foutu la tête à bas à grands coups de canon à Turin. Grand combat et grande victoire qui a fait fuir tous les gredins aristocrates et tous les soldats Italiens avec leurs parapluies dans un caveau dont le père Duchesne a fait murer la porte pour leur apprendre à vivre.

Signé Tremblay : Fourneaux et imprimerie comme ci-dessus.

[1] Ce décret est du 5 juin 1792. Cette date suffirait seule à prouver que ces numéros ne sont pas la tête du journal d'Hébert.

Feuille non numérotée.

LES ADIEUX DU PÈRE DUCHESNE

Aux régiments de ligne qui partent de Paris pour aller sur les frontières. Ses grands conseils pour qu'ils se défient de leurs officiers. Le grand détail des crimes de La Fayette à l'égard des gardes françaises.

Signé Tremblay : Fourneaux comme au n° 7. Imprimerie de Tremblay, rue Pavée-Saint-Sauveur, 3.

Nota. — Il résulte de cette dernière indication que Tremblay avait succédé à la veuve Errard, dans l'imprimerie de la rue Saint-Sauveur.

Voici maintenant les numéros publiés par Tremblay lorsque Hébert s'empara du journal dont il n'était que le rédacteur. Tous ces numéros sont signés Tremblay, ont des fourneaux semblables aux premiers parus, et sont imprimés chez Tremblay, rue Basse-Porte-Saint-Denis, n° 12, ils ont la même vignette que le journal d'Hébert (celle au *mémento mori*).

N° 138.

GRANDE COLÈRE DU PÈRE DUCHESNE

Contre les jean-foutres d'officiers qui abandonnent leur poste au moment du danger.

N° 139.

LA GRANDE JOIE DU PÈRE DUCHESNE

En lisant le superbe arrêté de la municipalité contre les processions. Son grand discours à M. Manuel, et sa grande douleur sur la folie d'un député.

N° 142.

LA GRANDE COLÈRE DU PÈRE DUCHESNE

Contre ceux qui veulent diviser la garde nationale. Sa grande dénonciation contre l'état-major. Son grand avis sur le camp de 20,000 hommes qui va se former auprès de Paris [1].

N° 146.

LA GRANDE COLÈRE DU PÈRE DUCHESNE

Contre le général La Fayette qui s'amuse à écrire des lettres [2], à faire des déclamations contre les bons citoyens, plutôt que de foutre le bal aux Autrichiens.

N° 147.

LA GRANDE JOIE DU PÈRE DUCHESNE

Au sujet du décret qui ordonne le licenciement de l'état-major de la garde nationale de Paris [3], et qui fout à la porte tous les mouchards, tous les coupe-jarrets de La Fayette.

---

[1] Le 10 juin 1792, une pétition signée par 8,000 personnes fut faite contre ce camp.

[2] Le 13 juin 1792, La Fayette écrivit à l'Assemblée au sujet de la mort de M. Gouvion, tué sur le champ de bataille.

[3] Décret du 2 juillet 1792.

N° 148.

LA GRANDE COLÈRE DU PÈRE DUCHESNE

Contre les coquins du comité autrichien qui nous empèchent d'aller dans le Brabant foutre à bas les prêtres et les nobles. Sa grande colère contre le scélérat Jarry, qui a fait incendier les faubourgs de Courtray [1].

N° 149.

LA GRANDE COLÈRE DU PÈRE DUCHESNE

Contre les scélérats qui nous trahissent, et qui laissent nos frontières à découvert, pour faciliter l'entrée des Autrichiens, des Prussiens, etc. Sa grande colère contre les ennemis de l'intérieur, et surtout contre les foutus gueux du Conseil général de la commune, qui sont d'accord avec Coblentz pour troubler l'ordre. Sa grande douleur en apprenant la suspension de Pétion et de Manuel [2].

[1] Ce fut le 30 juin 1792 que Jarry fit en effet incendier les faubourgs de Courtray.

[2] La suspension de Pétion fut prononcée le 6 juillet 1792, par arrêté du département, à raison de l'insurrection du 20 juin. Elle fut levée le 13 juillet. Manuel fut réintégré le 23 dans ses fonctions de procureur syndic.

N° 150.

LA GRANDE COLÈRE DU PÈRE DUCHESNE

Contre les singeries de la cour, qui nous demande des baisers de Judas pour mieux nous égorger. Ses grandes réflexions sur la journée des accolades, ou plutôt celle des dupes.

N° 151.

LA GRANDE COLÈRE DU PÈRE DUCHESNE

Contre le général Luckner qui abandonne son armée dans le moment du danger, et l'expose à être foutue en déroute par les Autrichiens. Son grand discours aux fédérés.

FIN.

BIBLIOGRAPHIE

1° Vie privée de l'abbé Maury. 1790, in-8°.

2° Suite de la vie privée de M. l'abbé Maury. 1790, in-8°.

3° Petit carême de l'abbé Maury ou Sermons prêchés dans l'Assemblée des enragés. In-8°, 1790.

    1re année, 10 numéros.
    2e année, 3 numéros.

4° Journal du père Duchesne.

5° Grand détail de l'exécution de tous les conspirateurs et brigands, détenus dans les prisons de l'Abbaye-Saint-Germain, de la Conciergerie, du Châtelet, de l'hôtel de la Force, de Bicêtre et autres lieux, etc. — Pamphlet signé Hébert. — Imp. de la rue Sainte-Barbe, n° 5. In-8°, 8 pages (1792).

6° Grande relation du siége et de la prise du chateau des Tuileries. Détails de tous les événements arrivés depuis le 10 août dernier, etc. — Signé Hébert. — Imp. de la rue Sainte-Barbe, près la Porte-Saint-Denis, n° 5, ci-devant chez Tremblay (1792).

7° Grand et véritable détail de ce qui s'est passé hier aux Tuileries. Insurrection générale du peuple. Siége du château. Infâme trahison des Suisses. Vengeance du peuple, etc. — Pamphlet signé Hébert. — Imp. de la rue Sainte-Barbe, n° 5. In-8°, 7 pages (1792).

8° LETTRES DE LA MÈRE DUCHESNE. 18 numéros in-8° attribués à Hébert.

9° L'ALMANACH DU PÈRE DUCHESNE ou le Calendrier des bons citoyens (pour l'année 1791). — Paris, de l'Imp. de Tremblay, rue Basse-Porte-Saint-Denis, n° 11. — Petit in-12 de 116 pages; 1 fig.

10° LA NOUVELLE LANTERNE MAGIQUE. 1790.

11° JOURNAL DU SOIR sans réflexions et courrier de la capitale, des départements et des frontières réunies, in-4° avec cette épigraphe : *Les écrivains patriotes sont les sentinelles de la liberté.*

Au numéro 654, qui donne la séance du 18 janvier 1792, le nom de J. R. Hébert, rédacteur, se trouve inscrit en grosses capitales, en tête du journal qui porte la signature de Tremblay, imprimeur, rue Basse-Saint-Denis.

Ce journal n'est pas cité par Deschiens.

12° J. R. HÉBERT, AUTEUR DU PÈRE DUCHESNE, A CAMILLE DESMOULINS ET COMPAGNIE. — De l'imp. de la rue Neuve-Égalité, cour des Forges de Bonne-Nouvelle. In-8°, 12 p.

13° GRAND DÉTAIL DE LA JUSTICE DU PEUPLE EXERCÉE A VERSAILLES sur les aristocrates et contre-révolutionnaires prisonniers d'Orléans ; mort et exécution de Brissac, ci-devant gouverneur de Paris, etc. — Signé Hébert. — Imp. de la rue Bourbon-Villeneuve, cour des Miracles. In-8°, 8 pages.

14° LE CHIEN ET LE CHAT. 2 numéros (attribués à Hébert).

Hébert a certainement publié d'autres pamphlets que ceux que nous venons d'indiquer ; mais ces feuilles éphémères sont assez rares, et il ne nous est parvenu que celles dont nous avons donné les titres.

www.ingramcontent.com/pod-product-compliance
Lightning Source LLC
Chambersburg PA
CBHW051903160426
43198CB00012B/1734